JN206457

人口減少時代の自治体政策

市民共同自治体への展望

中山 徹著

自治体研究社

はじめに

　人口減少に歯止めがかかりません。2017年は一年間で25万9000人減少しました。地方創生が始まった2014年は19万6000人の減少ですから、減少幅が大きくなっています。東京一極集中の是正も全く進みません。2017年、首都圏は12万6000人の転入超過でした。2014年は11万6000人ですから、集中もひどくなっています。

　大幅な人口減少が予測されている地方ではコンパクトや連携を進めようとしています。しかし、それで地方は存続できるのでしょうか。日本の国土や地域が大きく変えられたのは1960年代、70年代の高度経済成長期です。いま再び、国土や地域の再編に突入しています。さらに自治体戦略2040構想研究会の報告書がまとまり、第32次地方制度調査会が動き出しました。自治体そのものの見直しも始まっています。

　このままですと地域やコミュニティはきわめて深刻な状態になります。これら個々の政策をとらえつつ、全体としてどのような方向に動きつつあるのか、なぜそのようなことが生じているのかを本書の1章で述べました。

　そのような中で自治体も変わりつつあります。アベノミクスに呼応し、大型開発を進めることで人口減少によって生じる諸問題を解決しようとする開発型自治体が増えています。また、財政難を理由に展望なく市民向け予算や人件費を削減し続けている削減型自治体も、削減内容、削減幅を拡大させています。

　その一方で、そのような地域の再編から地域と市民を守るため、開発型自治体や削減型自治体ではなく、保守、革新の共同で新たな自治体建設を目ざす動きが広がっています。本書ではこのような自治体を市民共同自治体と呼んでいます。地域が大きく変えられた高度経済成

長期、その弊害を軽減し、新たな地域を創り出すため革新自治体が広がりました。また、アベノミクスへの対抗軸として、国政レベルでは野党共闘が進んでいます。それらと比較すると、市民共同自治体の動きは端緒についた段階です。そのような自治体の状況と市民共同自治体が検討すべき政策を2章、3章で述べました。

　いま地域が大きく再編されようとしています。市民と地域を守るためにはそのような再編を止める必要があります。同時に、少子化対策を進め、超高齢化社会を乗り切り、安全に住み続けられる地域にするためには、今の地域を大きく改善する必要があります。グローバリゼーション時代、人口減少時代、市民の視点に立ち、市民生活を豊かにするためには、地域をどのように創り変える必要があるのでしょうか。この点を4章で考えました。

人口減少時代の自治体政策
市民共同自治体への展望

［目次］

1章 新自由主義による国土・地域・コミュニティの再編

1 なぜ国土・地域・コミュニティの再編なのか

産業構造の転換に伴う新自由主義的な改革

　かつて日本の国土や地域が大きく変わったのは、1960年代から70年代にかけての高度経済成長期です。日本の産業構造を輸出主導型の産業構造に変えるため、太平洋ベルト地帯に大規模な工場を建て、たくさんの労働者を集めました。東名・名神高速道路、東海道新幹線が整備されたのはこの時代であり、東京や大阪などの大都市部では大規模な再開発やニュータウン開発が進みました。

　国土や地域、コミュニティは経済、生活を支える器です。経済や生活が大きく変わる時代、それにふさわしい国土、地域、コミュニティに造り替えられます。高度経済成長期の20年間に、それ以前の国土、地域、コミュニティが一変したといえます。

　いま再び大きな転換点に差しかかっています。20世紀終盤から変わり始め、本格的に動きだしたのが小泉構造改革と、その後のアベノミクスです。小泉構造改革やアベノミクスは、なぜ日本を造り替えようとしているのでしょうか。これまでの輸出主導型の産業構造を、多国籍企業型の産業構造、国際競争型の産業構造に変えるためです。そのため海外と比較して少しでもコストの高い分野があれば、それを変える改革を容赦なく進めています。また、限られた財源を国際競争力強化に使うため、それ以外の予算を大幅に削減できるように、仕組みそ

のものを作り替えています。具体的には、日本型の終身雇用や年功序列型の賃金体系を崩し、社会保障制度そのものを見直しています。このような改革を新自由主義的な改革と呼んでいます。その頂点にあるのが憲法9条の改正です。

　国土、地域、コミュニティの再編もその一環ですが、日本で進み出した人口減少が、それらの再編を不可避なものにしたといえます。再編の具体的な内容を見る前に、日本の将来人口予測を概観しておきます。

21世紀は人口減少率が一位になる　　　　　　　[解説①]

　小泉構造改革からアベノミクスに至る過程で、社会状況に大きな変化がありました。それは日本の人口が2008年を境に本格的に減少しだしたことです。2008年の人口は1億2808万人、その後は減少し、2018年は1億2650万人です（4月1日時点、以下同じ）。最近では1年間で25万人程度減っています。中核市一市分ぐらいの人口が減っていることになります。国立社会保障・人口問題研究所が日本の将来人口予測を行っていますが、この予測によりますと人口減少数は拡大し続け、2026年には年間で70万人程度減少すると予測しています。指定都市一市分です。そして2053年には9924万人となり、1億人を割り込みます。少子化対策が成功せず、いまの出生率のままですと、100年後（2115年）には5055万人ぐらいまで減ります。1909年の人口が5025万人なので、おおよそ100年後には100年前の人口に戻ることになります。20世紀、日本の人口増加率は先進国で1位でしたが、21世紀は人口減少率が1位になりそうです。

　そうすると高齢化も進みます。2018年の高齢化率は28.1%で世界1位ですが、2040年には35.3%と35%を超え、未だかつてどこの国も経験したことのない超高齢化社会が到来します。反対に子どもの比

率は減り続けます。2018 年の年少人口比率（14 歳以下）は 12.2% ですが、今後も減り続け 2032 年には 10.9% と 10% 台になり、その後も 10% 台で推移します。その結果、高齢化率は先進国で 1 位、年少人口比率は最下位になります。

アジアを中心に国際的には人口が急増

　日本は人口減少ですが、海外ではアジア、アフリカを中心に人口が急増します。2015 年、世界の人口は 73 億 4947 万人です。それが 2050 年には 97 億 2515 万人まで増えると予測されています。増加数は 23 億 7568 万人、増加率は 32.3% です。そのうち、アジアとアフリカで 21 億 6495 万人増えるとされています。ところがアジアに位置している日本は 2015 年から 2050 年の間に 19.8%、人口が減少すると予測されています。

　一般的には先進国よりも途上国の方が人口増加率は高くなります。しかし先進国でも 2015 年から 2050 年までの人口増加率が 20% 前後になると予測されている国が二つあります。アメリカ（18%）とカナダ（20%）です。イタリア（−8%）、ドイツ（−3%）はマイナスになっていますが、日本の減少率はそれらの国よりも高くなっています。

人口減少下で国際競争に勝つことが最大の目的

　人口増加＝経済成長、人口減少＝経済低迷ではありません。しかし人口減少は経済的にはマイナスに働く場合が多いといえます。日本の国土、地域、コミュニティは人口急増期に、輸出主導型産業構造を形成し、高度経済成長を実現するために造りだされたものです。そのままの構造では人口が急速に減少する時代、日本の多国籍企業が国際競争に勝ち残る器にはなり得ません。

　そういった危機感の下で、人口が大幅に減っても、多国籍企業が国

解説 1 なぜ日本では人口減少が続くのか

①政府が目指す方向

　政府は 2014 年に「まち・ひと・しごと創生長期ビジョン」を策定しました。そこで示された人口の長期的な見通しが図 1-1 です。10 頁の数値は 2017 年に発表された推計値ですが、図 1-1 は 2012 年に発表された推計値です。

　国立社会保障・人口問題研究所の推計によりますと、2100 年には人口が 4286 万人まで減少します（図 1-1、黒の破線）。2010 年の合計特殊出生率は 1.39 ですが、黒の破線は今後、合計特殊出生率が 1.35 程度で推移した場合の推計値です（合計特殊出生率とはおおむね一人の女性が一生の間に産む子どもの数です、以下「出生率」と呼びます）。それに対して政府は 2100 年に 9026 万人という見通しを発表しました（図 1-1、黒の実線）。この人口にするためには、出生率を 2020 年に 1.6、2030 年に 1.8、2040 年に 2.07 にする必要があります。2.07 というのは人口が長期的に安定する数値です。

②なぜ人口減少が避けられないのか

　政府の見通しでも日本の人口は 100 年間で 3782 万人も減少します。減少率 29.5％ です。ところが、少子化対策を本格的に進めて、出生率を引き上げれば、人口は減少しないのではないかという疑問もあります。いま最も子どもをたくさん産む年齢層は 30 歳代前半です。2017 年で 30 歳の女性は 67 万人です。30 年後の 2047 年に 30 歳になる女性は、2017 年に生まれた女性です。今後、海外との転出入がなく、

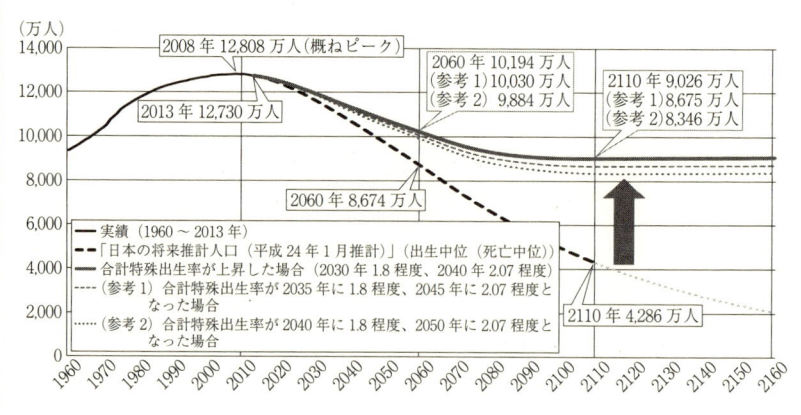

図 1-1　将来人口の見通し

出所：閣議決定「まち・ひと・しごと創生長期ビジョン」2014 年 12 月。

2017年に生まれた女性が一人も亡くならなければ2047年に30歳になる女性は47万人です。それでも2017年と比べると70.1%です。

　日本は今までの少子化対策が十分な成果を上げなかったため、生まれてくる子どもが減り続けています。それは将来、子どもを産む女性が減ることを意味します。出生率は一人の女性が産む子どもの数で、出生率を引き上げることは重要です。しかし、子どもを産む女性が減るため、出生率が2.07になっても、生まれてくる子どもの数は大きく増えません。一方、高齢化社会とともに亡くなる方は当分、増え続けます。そのため、出生率を上げるだけで、人口減少をくい止めるのは困難です。

③少子化対策は順調に進んでいるのか

　政府は2014年に先に見たような見通しを示しましたが、順調に進んでいるのでしょうか。2014年の出生率は1.42、2015年は1.45、2016年は1.44、2017年は1.43で出生率は2年連続で低下しています。その結果、2014年に生まれた子どもは100万人、15年は101万人、16年は98万人とはじめて100万人を割りました。そして2017年は94万人まで減少しています。先に見たように子どもを産む女性の数が減っているため、出生率の低下以上に生まれてくる子どもが急速に減っています。2014年以降も少子化対策は成果を上げていません。2020年に1.6まで上げるためには、思い切った対策が必要です。

④なぜ少子化が進むのか

　内閣府は20代、30代の男女7000人に調査を行っています。表1−1、表1−2を見れば明らかですが、出産をためらう理由は、①経済的理由、②仕事と育児の両立困難、③保育所等の子育て環境未整備、④子育てに対する不安です。これらは、構造改革で雇用を不安定にし、国民負担を引き上げ、労働強化を行い、国民向け予算を削減してきたからです。構造改革を続けながら少子化対策を充実させるのはそもそも無理です。

表1−1　子育ての不安要素（40%以上が当てはまると答えた選択肢）

選択肢	回答%
経済的にやっていけるか	63.9
仕事をしながら子育てができるか	51.1
子育てに自信がない	40.7

出所：内閣府政策統括官（共生社会政策担当）「結婚・家族形成に関する意識調査（概要版）」2015年3月より筆者作成。

表1−2　どのような条件が整えば出産に積極的になるか（40%以上が当てはまると答えた選択肢）

選択肢	回答%
教育費に対する補助	68.6
保育料に対する補助	59.4
出産医療費に対する補助	55.9
幼稚園・保育所等の充実	51.6
職場の理解	49.6
育休・育児休暇制度の充実	46.2
育児短縮勤務制度の整備	40.2

出所：表1−1と同じ。

際競争に勝ち残るため、日本の国土や地域を抜本的に造り替えることになりました。同時に、人口減少下で大手建設業、不動産業、鉄鋼業などの儲けを確保するということも重要な目的になっています。

2 再編の具体的内容とそれを進める政策

東京が国際的な都市間競争に勝ち残るための再編

では具体的にどのように再編しようとしているのでしょうか。日本は国土計画として20世紀に5回の全国総合開発計画、21世紀に2回の国土形成計画をつくっています。21世紀に入って大きく変わったのは、国土の均衡な発展という旗を下ろしたことです。

ただし2008年に策定された国土形成計画は、その旗を下したもののそれに代わるものを示しませんでした。それがアベノミクスのもとで策定された第2次国土形成計画で明確になりました。

今回の国土形成計画の最大の目的は、首都圏の国際競争力強化です。国家戦略特区などを活用した規制緩和、東京オリンピックまでに整備するインフラ整備などで、東京を国際競争に勝てる大都市に造り替えようとしています。さらに、日本全体では人口が減っても首都圏では一定の人口を確保しようとしています。日本が国際競争に勝ち残るためには、まず首都圏が国際競争に勝ち残らないといけないという発想です。

ただし東京を中心とした首都圏だけでは、いずれ人口が急増するアジアの大都市に対抗できなくなります。東京都の人口は1375万人ですが、アジアではすでに2000万人を超える大都市が三つ（カラチ、上海、北京）あります。そこで、東京から名古屋、大阪までリニアを通そうとしています。東京、名古屋、大阪は、今は別々の都市圏で、三大都市圏と呼ばれています。しかし鉄道で1時間で結ばれると、三つの都

市圏が一つの大都市圏になります。そうすると人口 5000 万人の大都市圏が誕生します。政府はこれをスーパーメガリージョンと呼び、国土改造のポイントにしています。

地方都市の再編、コンパクトと連携　　　　　　　　　　[解説②、③]

　全体として人口が減少する時代に首都圏への一極集中を進めますと、地方では大幅な人口減少が生じます。小泉構造改革の時はまだ全国的に見ると人口は減っていませんでした。しかし、限られた財源を国際競争力強化に使うため、地方向けの予算を大きく削減しました。具体的には市町村合併と地方交付税の削減です。その結果、地方経済が一気に冷え込み、このままでは地方が疲弊するという危機感が広がりました。これが地方の反乱という形で表面化し、自公政権が民主党政権に代わる大きな原動力となりました。

　アベノミクスも限られた財源を首都圏の国際競争力強化に使い、東京一極集中をさらに進めようとしています。しかも小泉構造改革の時とは異なり、全国的に人口が減り始めています。地方の疲弊は小泉構造改革の時よりも厳しくなります。そうすると再び地方の反乱が生じかねません。そこで、アベノミクスでは小泉構造改革と同じ轍を踏まないように、地方が一路衰退に進むのではなく、人口が大幅に減っても生き残れるような地域に再編しようとしています。

　その具体的な内容は二つあります。一つはコンパクトです。人口が減るにもかかわらず、大きな市街地を維持するのは財政的に大変なので、人口減少に見合った市街地の縮小を進めようとしています。市街地を縮小させ、市民が中心部で暮らすような地域に変えることができれば、人口減少とともに税収が減っても、従来とは変わらない行政サービスが提供できるという考えです。立地適正化という制度が作られ、多くの市町村がこの立地適正化計画を策定中です。これが地方再編の

解説2　立地適正化（コンパクトシティ）の概要と問題点

①立地適正化の目的と取り組み状況

　人口が急増した高度経済成長期は市街地を拡大しました。その際、乱開発を防ぎ、効率的な市街地拡大を図るために導入されたのが市街化区域、市街化調整区域の制度です。今後は反対に人口が減少します。そこで人口減少にふさわしい市街地を作るために導入されたのが立地適正化です（2014年制定）。立地適正化計画を作るのは市町村です。2018年5月1日時点で160市町村が立地適正化計画を作成しています。

　立地適正化の目的は大きく二つあります。一つは人口減少に対応して市街地を縮小させることです。もう一つは拡散した公共施設や商業施設を中心部に集約させることです。拡大、拡散するまちから縮小、集約するまちに変えようとしていますが、後者のようなまちをコンパクトシティと呼んでいます。

②立地適正化の仕組み

　立地適正化では二つの区域を設定します。一つは居住誘導区域です。現在の都市計画では、市街地＝市街化区域とされています。居住誘導区域は居住を誘導する区域で、市街地を将来的に縮める範囲です。市町村は将来人口予測を行い、どの程度人口が減るかを予測し、その将来人口に見合った市街地の範囲を居住誘導区域にします。そのため図1-2のように市街化区域より小さい範囲で指定します。

　もう一つは都市機能誘導区域です。市街地の中心部や合併前の中心部などが該当します。都市機能誘導区域は図1-2のように居住誘導区域内に指定します。都市機能誘導区域には公共施設や商業施設などの立地を促し、面積的には徒歩か自転車で移動できる程度を想定しています。都市機能誘導区域と居住誘導区域は公共交通等で結び（ネットワーク）、市民の都市的ニーズに応えられるようにするとしています。

③立地適正化の問題

　一つめの問題は、居住誘導区域外に住んでいる人を居住誘導区域に誘導する仕組みがないことです。そのため居住誘導区域外で行政投資などの縮小を進めますと、居住者は自力で転居しなければなりません。また、居住誘導区域外で一定規模以上の開発をする場合は行政に届出が必要ですが、許可とは違うため、実効性は保障されません。立地適正化で市街地を計画的に縮小させるのは無理です。

　二つめは、都心部の開発に重点が置かれていることです。都市機能誘導区域に誘導する施設を決めた場合、さまざまな支援措置が整えられています。たとえば、商業施設や文化教育施設の建設、駅前広場や駐車場の整備については交付金が上乗せされ、市街地再開発事業や土地区画整理事業には補助率が上乗せされます。また、税の減免、

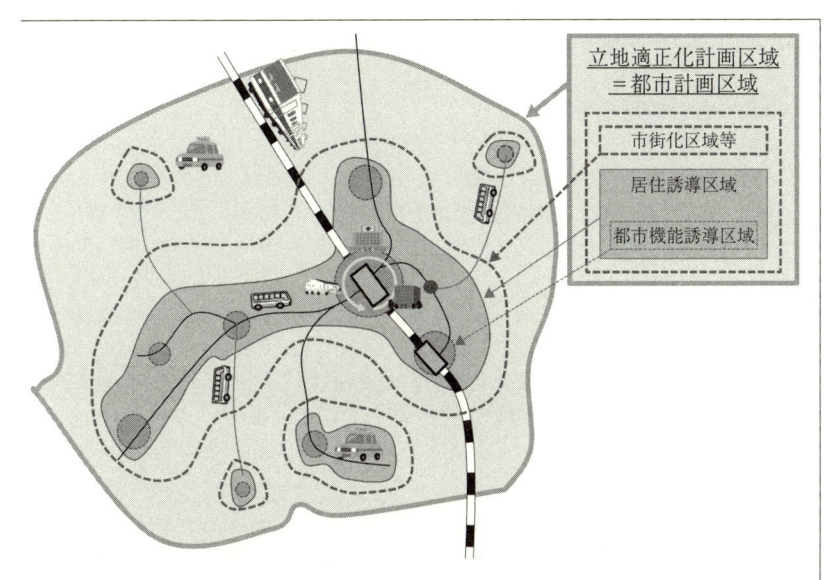

図1-2　立地適正化計画の区域指定

出所：国土交通省「改正都市再生特別措置法について」2015年3月。

容積率・用途制限の緩和なども用意されています。多くの市町村はこのような支援措置を得るために立地適正化計画を策定しています。

　三つめは、広域的な調整機能が機能していないことです。中心部が衰退した理由の一つは、郊外に商業施設などが拡散したことです。隣接、近接する自治体が商業施設の郊外立地を進めますと、立地適正化で商業施設を中心部へ集約しようとしても困難です。市民生活は市町村を越えて広がっています。そのときに広域的な調整を行わず、市町村単位でまちづくりを進めようとしても難しいでしょう。

　四つめは、ネットワークが機能しなければ住めなくなるということです。コンパクトとネットワークはセットです。しかし、実際は公共交通が撤退し、ネットワークが崩れています。もし、ネットワークが形成されなければ、居住誘導区域の多くは生活困難区域になります。

　五つめは、従来のコミュニティ計画と関連していないということです。日本のまちづくりは小学校区を基本に進められてきました。ところが立地適正化で定められる都市機能誘導区域は小学校区とは関係なく、多くは駅前が指定されています。今後、都市機能誘導区域に公共施設などを誘導しますと、従来のコミュニティ計画と齟齬をきたし、都市機能誘導区域がない小学校区は生活しにくいまちになります。

解説 3　連携中枢都市圏と定住自立圏の概要と問題点

①連携中枢都市圏の概要

　連携中枢都市圏とは、中心都市と周辺市町村が連携し、一定の圏域人口を保持することで、地域経済の活性化、都市機能の維持、生活関連サービスの向上を図ろうとするものです。中心都市の要件は三大都市圏外にある人口 20 万人以上の指定都市、中核市で、昼夜間人口比率が 1 以上です。この条件に該当する市は全国で 61 あります（図 1 – 3）。

　連携中枢都市圏で取り組む内容は大きく三つです。一つめは圏域全体の経済成長で、新製品開発支援、六次産業化支援などです。二つめは高次の都市機能の集積・強化で、高度医療提供体制の充実、高等教育研究開発の環境整備などです。三つめは生活関連機能サービスの向上で、病院群輪番制の充実、地域公共交通ネットワークの形成などです。

②定住自立圏の概要

　定住自立圏は連携中枢都市圏のミニ版です。中心市の要件は三大都市圏外で人口 5 万人程度以上、昼夜間人口比率 1 以上です。市町村が連携して定住自立圏全体の活性化を通じて人口定住を図るのが目的です。取り組む施策は、生活機能の強化（医療、福祉、教育など）、

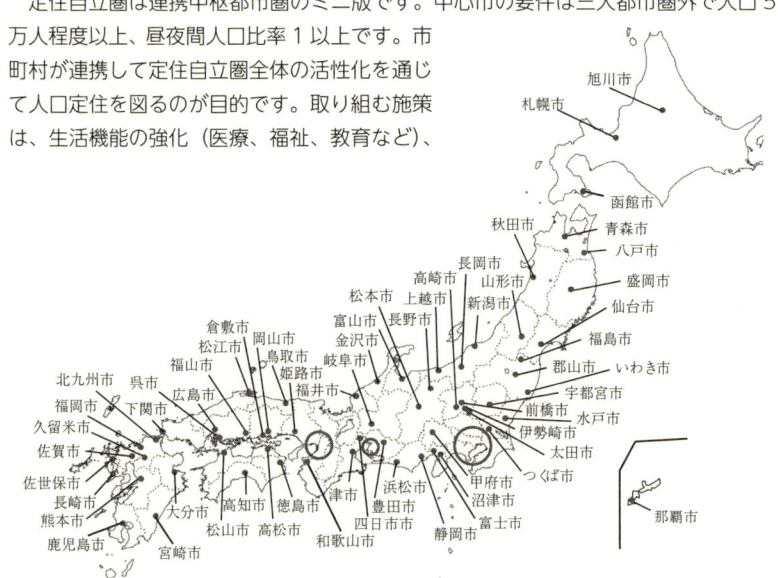

図 1 – 3　中心都市の条件を満たす市

出所：総務省「連携中枢都市圏構想の推進」2015 年 3 月。

ネットワークの強化（地域公共交通、インフラ整備など）、圏域マネジメント能力の強化（人材育成、職員の交流など）です。

③取り組み状況

　両方の取り組みとも三段階で進めます。まず最初に、中心市が連携中枢都市圏では「連携中枢都市宣言」、定住自立圏では「中心市宣言」を行います。そして中心市と近隣市町村が連携協約もしくは協定を結びます。協約、協定は中心市と周辺市町村が個別に結びます。その上で、「連携中枢都市圏ビジョン」もしくは「定住自立圏共生ビジョン」を策定します。ビジョンを作成するのは中心市です。

　2018年4月1日時点で、連携中枢都市圏宣言を行ったのは30市、連携中枢都市圏ビジョンを策定したのは28圏域です。圏域を構成するのは253市町村です。圏域人口が最大なのは広島広域都市圏で232万人（11市13町）、100万人以上の圏域が6あり、最小は24万人です。

　2018年4月1日時点で、定住自立圏共生ビジョンを策定したのは118圏域、それ以外に協定締結まで行ったのが3圏域、中心市宣言のみを行った市が5市あります。

④連携の問題点

　一つめの問題は、周辺市町村に連携に対する懸念が広がっていることです。中心市の多くは積極的に連携を進めようとしています。その一方で周辺市町村は、合併ではないというものの、将来的には中心市に吸収されてしまうのではないかという不安を持ち、中心市ほど積極的に関わっていません。市町村が対等平等な立場で連携を進めることは重要ですが、連携中枢都市圏、定住自立圏とも中心市の位置づけが大きいため、そのような問題が生じています。

　二つめは、周辺自治体、市民の意見を反映する仕組みが不十分なことです。連携協約を締結するに当たっては議会の議決が必要ですが、ビジョンの作成や実際の進行管理は中心市と連携中枢都市圏ビジョン懇談会が担います。周辺市町村の議員や市民から見ると、市町村とは別のところで議論されることになり、意見の反映、チェックが困難になります。

　三つめは、広域的な調整ができていない点です。連携中枢都市圏では中枢都市間の競争が生じています。東日本、四国、南九州は中枢都市の要件を満たす市はほぼ県庁所在市です。それに対して中国、九州北部は要件を満たす市が多くなっています。そのようなところでは競争が起こっていますが、人口が減る時代にこのような競争が順調に進むとは思えません。周辺市は将来的に有利な位置を確保するため、二つの連携中枢都市圏に所属したり、連携中枢都市圏に所属しつつ自ら定住自立圏の中心市になったりしており、非常に複雑です。市民が連携内容を理解するのは難しいでしょう。

ハード施策です。

　もう一つは連携です。個々の自治体の取り組みでは、人口が大幅に減っていく中で生き残れません。そこで圏域内で自治体同士が連携すべきだとしています。具体的には連携中枢都市圏、定住自立圏という制度がつくられています。連携中枢都市圏では、経済対策は中心市に集中させ、中心市活性化の効果を周辺自治体も享受しようとしています。また、人口が減り財政的に厳しくなる周辺自治体は各種行政サービスを中心市に依存するという考えです。これが地方再編のソフト施策です。

中山間地域の再編、小さな拠点と地域運営組織　　　　　　［解説④、⑤］

　地方都市よりもっと大変なのは中山間地域です。国立社会保障・人口問題研究所は市町村別将来人口予測を発表しています。その予測値を使って 2015 年と 2045 年の人口を比較しますと、全国的には 16.2% の減少、指定都市は 7.9% 減、それ以外の市は 19.2% 減、町村は 31.8% の減少です。最も人口が減少するとされたのは奈良県川上村で減少率 79.4% です。ちなみに 2045 年までに人口が 70% 以上減ると予測されたのは 13 市町村、60% 以上 70% 未満は 82 市町村です。2045 年はそれほど先の話ではありませんが、それまでに人口が 6 割以上も減るという予測された市町村が 95 もあり、そのほとんどは中山間地域の町村です。

　全国的に人口が減少するにもかかわらず、首都圏への一極集中を進めますと、多くの中山間地域が崩壊します。そこで人口が大幅に減っても生き残れる中山間地域に再編しようとしています。地方都市と同じで、再編の方法は二つです。

　一つは小さな拠点です。2015 年 4 月時点で日本には集落が約 7 万5000 か所あります。そのうち 7% ぐらいを小さな拠点として位置づけ

ようとしています。小さな拠点というのは、公共施設や商業施設を集めた地域のことです。今後は、公共施設や商業施設を旧村単位や各集落にばらばらと整備するのではなく、7％ぐらいの集落に集中させて、残りは小さな拠点とネットワーク（公共交通など）で結んで、生活を成り立たせようという考えです。これがハード面の対策です。

　もう一つは地域運営組織です。小さな拠点ができても公共施設や商業施設の運営は大変です。人口が減ると商業施設が撤退し、財政が厳しくなるため行政サービスも縮小されます。そこで住民が地域運営組織をつくり、撤退した行政や民間事業者に替わって、サービスを自分たちで運営するとしています。総務省はこのような組織を「地域経営型自治」と呼んでいます。確かにそれでうまく行っているところもありますが、それは比較的元気な高齢者が多い地域です。10 年、20 年後も大丈夫かは疑問です。地域運営組織は中山間地域が一気に崩壊するのを防ぐ延命策ではないかという見方もできます。

公共施設とコミュニティの再編　　　　　　　　　［解説⑥、⑦］

　都市、農村を問わず進んでいるのはコミュニティの再編です。コミュニティの再編も二つの内容で進んでいます。一つは公共施設の再編です。人口が減り、財政的にも厳しくなるためかなりの自治体は行政サービスを削減しようとしています。その場合、一番確実なのは、行政サービスの供給拠点である公共施設を減らすことです。これを進めるため公共施設等総合管理計画が策定されていますが、この計画の中心は公共施設の統廃合です。保育園と幼稚園を統廃合して認定こども園にする、小学校と中学校を統廃合して小中一貫校にするなどです。あるいは文化施設、スポーツ施設は直営をやめて、民営化したり指定管理者制度を導入したりしています。これがコミュニティ再編のハード面です。

解説4　小さな拠点の概要と問題点

①小さな拠点の概要

　小さな拠点とは、中山間地域などで、日常生活に必要な機能（医療・福祉、商業施設、ガソリンスタンド、小学校、郵便局など）、コミュニティ機能（公民館、コミュニティ施設など）を集積させた地区のことです（図1-4）。この小さな拠点と周辺の集落を公共交通などで結び地域全体の日常生活を維持します。このような地域全体を集落生活圏と呼んでいます。

②取り組み状況

　内閣府が行った調査によりますと（2017年5月時点、回答があったのは1736市町村、表1-3の出所を参照）、424市町村（24％）で小さな拠点がすでに形成されています。そのうち市町村総合戦略（市町村が策定する地方創生計画）に位置づけられているのは258市町村（15％）で908か所です。

　908か所の小さな拠点が形成する集落生活圏内には1万3941集落があり、一集落生活圏を構成している平均集落数は15.4です。その全集落生活圏で暮らしている

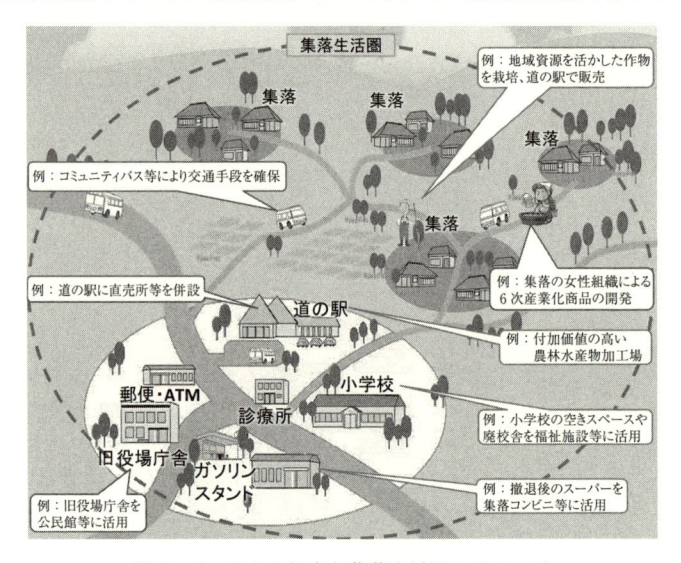

図1-4　小さな拠点と集落生活圏のイメージ

　注：図左下にある白い楕円形の所が小さな拠点。
　出所：まち・ひと・しごと創生本部のウェブサイト。

人は237万9710人、一集落生活圏あたり2620人です。集落生活圏の範囲は小学校区が31%、旧小学校区（平成の大合併以降統廃合された旧小学校区）が27%で多く、次いで中学校区14%となっています。

　小さな拠点に設置されている主な施設は表1-3のようになっています。一番整備率が高いのはバス停留所で92.2%の小さな拠点に設置されています。80%を越えているのは郵便局、食料品等販売店です。

　小さな拠点と周辺の集落を結ぶ公共交通ですが、「ある」というのが711集落（78%）、「今はないが今後開設予定」が41集落（5%）、「なしで今後も開設の予定がない」が156集落（17%）です。交通の種類は公営路線バスが275集落（39%）、民間路線バス218集落（31%）です。

表1-3　50%以上の小さな拠点に設置された施設

	拠点数	%
バス停留所	837	92.2
郵便局	755	83.1
食料品等販売店	747	82.3
運動施設、公園	669	73.7
飲食店	659	72.6
小学校	599	66.0
地区交流センター等	593	65.3
ATM	591	65.1
保育所、幼稚園	569	62.7
公民館	564	62.1
ガソリンスタンド	540	59.5
医療施設	534	58.8
高齢者福祉施設	513	56.5

出所：内閣府「小さな拠点の形成に関する実態調査（2017年度）」より筆者作成。

③小さな拠点の問題点

　一つめの問題は、集落生活圏を結ぶ公共交通網が形成できるかどうかです。先に見たように、公共交通があると答えた小さな拠点は78%ですが、これは集落生活圏内のすべての集落を結んでいるわけではありません。実際に起こっているのは公共交通網の縮小です。もし小さな拠点と周辺の集落が公共交通で結ばれなければ、集落生活圏という考えは成立しません。

　二つめの問題は、小さな拠点に施設を集中させるのが望ましいのかということです。全国に7万5000程度ある集落を、各種施設が集中している7%程度の小さな拠点と、90%以上の住宅中心の周辺集落に分けます。一点めとも関係しますが、今後人口が減少すると小さな拠点以外の集落が存続できるのかどうかという疑問があります。

　三つめは、都道府県との連携が弱いということです。たとえば、ファミリー層が中山間地域から転出する理由の一つに、高校に通えないからということがあります。小さな拠点が対象にするのは主として小学校、保育所、幼稚園です。高齢者や中学生以下の日常生活は集落生活圏である程度、充足されますが、高校生は無理です。小さな拠点の形成は市町村主導で進めますが、高校の整備は都道府県です。年齢によって日常生活を構成する公共施設が異なり、都道府県の担当する施設が抜け落ちると、それに対応した年齢層が住み続けられなくなります。

解説 5　地域運営組織の概要と問題点

①地域運営組織の概要

　地域運営組織は、人口減少が進むなかで住民自らが、地域課題の解決に向けてさまざまな取り組みを実践し、地域で暮らし続けられるようにする組織です。組織面では、従来からある町内会などの地縁組織に加え、市民活動団体、NPO 等も参画します。また、行政の指示で動くのではなく、自ら地域の将来像（地域ビジョン）を考え、それを地域経営指針としてまとめ、それに沿ってさまざまな実践を進めます。さらに財政的には行政に依存するのではなく、財源の確保を進めるとしています。

②取り組みの状況

　2017 年 12 月に閣議決定された「まち・ひと・しごと総合戦略（2017 年改訂版）」では、2020 年までに地域運営組織を全国で 5000 か所形成するという目標を定めました。

　総務省が 2017 年 9 月に行った調査によりますと、全国 675 市町村に 4177 の地域運営組織が設立されています（表 1 - 4 の出所を参照）。地域運営組織の活動範囲は、連合自治会・町内会の範囲が一番多く 32.6%、次いで昭和の合併前市町村が 18.8% です。この活動範囲が小学校区と概ね一致しているのが 46.6% です。

　活動内容ですが、一番多いのは「祭り・運動会等の運営」で、55.9% の地域運営組織が関わっています（表 1 - 4）。それ以外に 50% を越えているのは「広報紙の作成・発行」54.7% です。40% を越えているのは「高齢者交流サービス」49.3%、「防災訓練・研修」44% です。割合は多くありませんが、名産品の加工販売 10.2%、家事支援 6.8%、コミュニティバスの運行 6.7%、保育サービス 5.3% などもあり、役場の窓口代行も 5.5% あります。

　職員ですが、常勤スタッフ数で一番多いのは 0 人（60.3%）、一人が 15.3% です。有償スタッフで一番多いのも 0 人（79.9%）で、一人が 15.7% です。非常勤スタッフは 0 人が 47.2%、一人が 12.9% ですが、20 人以上も 13.5% あり、常勤スタッフより多いといえます。事務局運営の悩みは、一番が「スタッフの不足」で 62.4%、二番が「スタッフの育成」で 61.4%、三番が「資金不

表 1 - 4　地域運営組織の活動
　　　　　内容（複数回答）

	%
祭り・運動会などの運営	55.9
広報紙の作成・発行	54.7
高齢者交流サービス	49.3
防災訓練・研修	44.0
声かけ・見守りサービス	39.0
体験交流事業	34.0
公的施設の維持管理	27.2
地域調査・研究・学習	26.9

出所：総務省「地域運営組織の形成及び持続的な運営に関する調査研究事業報告書」2018 年 3 月より筆者作成。20% 以上の地域運営組織で実施されている内容を記載。

足」41.6% です（複数回答）。

　経費を見ますと、年間の収入額で一番多いのは 50 万円未満で 15.8%、次いで 100 万円以上 200 万円未満で 14.8% です。全体の 52.6% が 300 万円未満です。主な収入源を見ますと、行政の補助金が 56.6% で圧倒的に多く、二番目は指定管理料で 7.6%、三番目は構成員の会費で 7.2% です。

③地域運営組織の問題点

　一つめの問題は、人口減少によって生じる諸問題を地域運営組織で解決できるのかという点です。従来は行政や民間企業が提供していたさまざまな事業、サービスが、人口減少で継続困難になっています。それに対して何もせず、崩壊するのを眺めるだけではなく、住民自らできることをするというのは重要です。ガソリンスタンドやコンビニエンスストアが撤退した後、住民自らがそのような事業を運営するのは大切です。しかし、採算が合わず民間企業が撤退した事業で、地域運営組織が採算を取るのは大変です。収益事業を展開している地域組織でも有償ボランティア程度の賃金しか出せていません。元気な高齢者がいる間はなんとかなるかもしれませんが、事務局運営の悩みもスタッフ不足と資金不足であり、継続性があるとは思えません。当面はしのげるかもしれませんが、中山間地域が一気に崩壊するのを防ぐための延命措置ともいえます。

　二つめの問題は、地域運営組織が安上がり組織になり、地域を破壊しかねないという点です。保育やバス運行を手がけている地域運営組織があり、役場の窓口代行をしているところもあります。このような傾向が今後、増えるのではないかと思われます。本来このような業務は仕事として位置づけるものです。確かに、人口減少にともなって行政の収入が減り、安いコストで業務を引き受ける組織が重宝されるかもしれません。しかし、安いコストで行うということは、「人件費の削減→地域消費の低迷→行政の歳入減少→行政コストの削減」を招き、悪循環にはまります。こうなると暮らし続けるために設置した地域運営組織が、地域の崩壊を進めてしまいます。

　三つめの問題は、地域運営組織の民主的運営です。地域運営組織の組織形態を見ますと、一番多いのは「任意団体（自治体、町内会及びその連合組織を除く）」で 64.2% です。一方、法人格がある組織では「NPO 法人」が 5.2%、「一般社団法人」が 0.5% です（出所は表 1−4 と同じ）。地域運営組織が地域にとって不可欠な業務を担う場合、地域住民の意見が適切に反映されなければなりませんし、公正に運営されなければなりません。そのため、組織のあり方、運営の仕方、さまざまな意見を反映する方法などをきちんと考えなければなりません。行政や法人などに整えられている手続きを省略し、一部市民の意向で運営するために地域運営組織を活用するのであれば、逆に地域の衰退を招きかねません。

解説6　公共施設等総合管理計画の概要と問題点

①公共施設等総合管理計画の位置づけと取り組み状況

　政府は2013年11月に「インフラ長寿命化基本計画」を策定しました。これは老朽化の進むインフラを適切に管理し、安全で強靱なインフラを整備することが目的です。特に予防的な管理を行い、インフラの長寿命化を図ることが大きな目的になっています。それを受け国土交通省や厚生労働省などは、各省が管轄しているインフラの長寿命化計画を立案しました。

　総務省は2014年4月に「公共施設等総合管理計画の策定にあたっての指針」を発表しました。この公共施設等総合管理計画はインフラ長寿命化計画の自治体版です。

　公共施設等総合管理計画の策定主体は都道府県及び市町村です。2018年3月時点で、都道府県及び指定都市はすべて策定済み、指定都市以外の市町村の策定率は99.6％で、ほぼすべての自治体が策定済みです。

②公共施設等総合管理計画の目的

　公共施設等総合管理計画はインフラ長寿命化計画の自治体版ですが、両者の狙いは異なります。まず一点めは対象です。名前を見れば明らかなように、インフラ長寿命化計画は、道路や河川、橋脚などのインフラに重点があり、公共施設等総合管理計画は建物に重点があります。

　二点めは目的です。インフラ長寿命化計画は、予防的な維持管理などを導入することで、インフラの長寿命化を図ることに主眼があります。それに対して公共施設等総合管理計画は、公共施設の状況（建設年、利用状況等）を把握した上で、公共施設の将来のあり方を検討することに主眼があります。

③公共施設等総合管理計画の問題点

　一つめの問題は、公共施設の総量削減計画になっていることです。公共施設の将来のあり方を検討する方法ですが、まず将来人口の予測、公共施設等の維持管理・更新にかかる経費予測を行います。そしてそれらを踏まえ、将来保有する公共施設の総面積など、数値目標を設定します。多くの自治体では将来的に人口が減るため、単純に考えますと公共施設の利用者が減ります。また、多くの公共施設が更新時期を迎えるため、財政負担は増加します。この二点から公共施設の将来を考えますと、公共施設の面積を縮小させることしか導けず、大半の自治体では公共施設の削減計画になっています。表1−5は2017年3月31日時点で公共施設等総合管理計画を策定している1709市区町村のうち、公共施設面積の削減目標値が具体的に書かれている674自治体を見たものです。20％〜30％削減するという自治体が最も多く30.6％、次いで

表1-5　公共施設面積の削減目標値

（以上～未満）	市	％	町	％	村	％	特別区	％	計	％
50％ 以上	9	2.4	6	2.4	1	2.2	0	0	16	2.4
40％～50％	35	9.2	17	6.7	2	4.4	0	0	54	8.0
30％～40％	98	25.9	46	18.3	4	8.9	0	0	148	22.0
20％～30％	132	34.8	72	28.5	6	13.3	1	16.7	207	30.6
10％～20％	73	19.3	78	31.0	17	37.9	5	83.3	171	25.4
10％ 未満	32	8.4	33	13.1	15	33.3	0	0	78	11.6
計	379	100	252	100	45	100	6	100	674	100

出所：総務省「公共施設等総合管理計画の主たる記載内容等をまとめた一覧表（平成29年3月31日）」より筆者作成。
・具体的な削減の数値目標が読み取れた674市区町村のみを記載。
・1～5年後の短期目標しか読み取れなかった自治体は除外。
・計画の目標年は自治体によって異なる。

10％～20％ が 25.4％、30％～40％ が 22％ です。50％ 以上という自治体も 16 あります。これらの自治体を平均しますと、今後 30 年程度の間に、公共施設面積が 3 分の 1 程度減ります。これほど急速に公共施設を削減しますと、市民生活に大きな問題が出ます。いったい何のために、誰のために公共施設を削減するのか、もう一度考え直すべきです。

二つめの問題は、長寿命化を真剣に考えている自治体が少数ということです。多くの自治体は公共施設の削減を通じて財政負担を減らそうとしているため、長く使い続けることで財政負担を減らすような方法をほとんど考えていません。

三つめの問題は、公共施設の削減が数合わせで決められていることです。公共施設を廃止がすべてダメだというのではありません。その場合、市民生活との関係でその施設が廃止されても大丈夫か、代替措置が考えられているかなど、慎重に判断しなければなりません。しかし、今回の計画では、財政面等から全体の削減量を導き、それを各種公共施設に割り振るようなきわめて乱暴な方法がとられています。

四つめの問題は、市民参加が保障されていないことです。公共施設を使う主体は市民ですが、市民の意見をほとんど反映せず、総務省のマニュアルに従って計画が作られています。

五つめの問題は、公共施設の再編が、地域全体の再編と連動していることです。たとえば、地域に密着した公共施設を統廃合し、都市機能誘導区域（16 ページ参照）に大規模な公共施設を新設する計画が増えています。公共施設の統廃合が立地適正化の先導役になっています。このような場合、公共施設の総面積を削減しつつ、大型建設投資を確保しているという点も見ておく必要があります。

解説 7　コミュニティ組織再編の概要と問題点

①地域包括ケアの概要

　地域包括ケアは、高齢者が地域で住み続けられるように、住まいを確保した上で、医療、介護、生活支援・介護予防の三者を包括的に地域で整備、展開、連携させようというものです。このうち生活支援・介護予防の担い手は、老人クラブ、自治会、ボランティア、NPO などコミュニティの互助組織です。またここでいう「地域」は「日常生活圏域」と呼ばれ、面積的には中学校区程度をイメージしています。

　地域包括ケアの核となるのが地域包括支援センターで、総合的な相談業務、包括的な支援事業等を行います。全国に公立中学校は 9479 か所あります（2017 年 5 月時点）。2016 年 10 月時点で、地域包括支援センターは 4873 か所なので、おおよそ 2 中学校区に 1 か所の割合です。設置主体は市町村ですが、運営主体は社会福祉法人が 54.1％、行政が 25.6％、医療法人が 13.5％ となっています。

②エリアマネジメントの概要

　国土交通省はエリアマネジメントを「地域における良好な環境や地域の価値を維持・向上させるための、住民・事業主・地権者等による主体的な取り組み」と定義しています。またエリアマネジメントの重要な点として、開発だけでなく維持・管理を行うこと、行政主導でなく住民・事業者・地権者主導で進めること、住民・事業者・地権者等さまざまな主体が関わること、一定のエリアを対象にしていることをあげています。

　エリアマネジメントは住宅地、商業・業務地などで展開されています。エリアマネジメントの例として紹介されているのが図 1-5 です。これは住宅地でのエリアマネジメントですが、防犯、まちなみの維持管理から、高齢者・子育て支援まで想定しています。

　商業地区でもエリアマネジメントが取り組まれています。先行的な事例として大阪市うめきた地区（大阪駅北地区）がよく紹介されます。うめきたでは、オープンカフェの設置、イベントの実施、街灯・ベンチなどの設置、警備員の配置などをしています。また対象区域の地権者から負担金を徴収しています。2018 年 6 月から地域再生法が改正され、この負担金制度が法的に位置づけられました。

③コミュニティ再編の問題点

　超高齢化社会の到来、きめ細かな子育て支援の必要性、自然災害に対する備えなど、コミュニティに対する期待は今後ますます高まるでしょう。コミュニティ組織を強化することは重要ですし、急がれます。また、従来の地縁的なコミュニティ組織だけに頼らず、NPO、企業なども巻き込んだコミュニティ組織の育成も大切です。一方で政

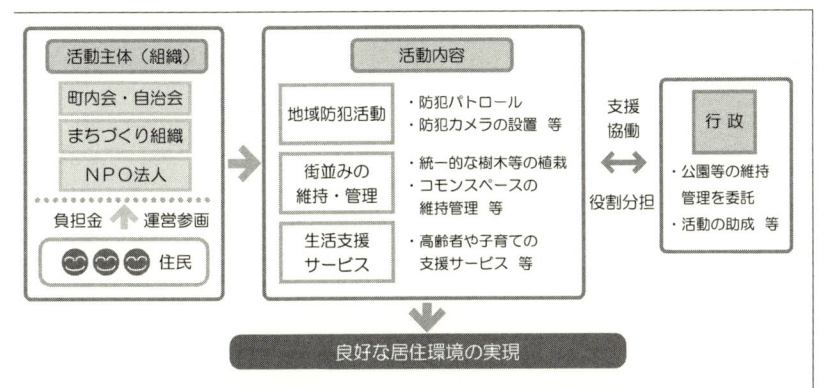

図 1-5　住宅地におけるエリアマネジメントの活動例

出所：国土交通省「エリアマネジメントのすすめ」2010 年 2 月。

府が進めているコミュニティ組織の再編には看過できない問題が含まれています。

　一点めは、行政責任の後退とセットになっていることです。高齢化、人口減少など
で行政が今まで担ってきた役割を果たせなくなります。だからコミュニティ組織がそ
の代替的役割を果たそうというわけです。その大前提にあるのは、「行政責任の後退や
むなし」という考えです。しかし人口減少や高齢化はコミュニティ組織でも生じます。
なぜ行政責任の後退はやむを得ないが、コミュニティ組織による代替は可能と判断し
ているのでしょうか。

　二点めは、民主的運営、参加の保障が制度的に未確立ということです。新たに再編
するコミュニティ組織は従来のコミュニティ組織以上の役割、市民生活に不可欠な事
業を担う場合もあります。しかし、行政組織と比べコミュニティ組織には市民参加が
十分確立しておらず、民主的運営も今後の課題です。地縁的なコミュニティ組織に加
え、NPO、企業などが参画した場合、構成員の参加、民主的運営をどう制度的に保障
するのかを考えなければなりません。

　三点めは、自主財源に頼るという点です。コミュニティ組織はさまざまなことを展
開しますが、自主財源の確保を優先すると、それ以外の事業展開が限られた人材では
難しくなるかもしれません。また従来、行政が展開してきた事業をコミュニティ組織
が代替する場合、行政から委託費が支払われるかもしれません。図 1-5 にも本来であ
れば業務として取り組むようなものが含まれています。委託を安上がりと考えると大
きな問題です。税の場合は応能負担ですが、分担金ではそのようにはなりません。コ
ミュニティ組織が行政の一部を代替し、その財源を負担金に求める場合、税の原則を
どう考えるかも重要です。

　もう一つはコミュニティ組織の再編です。コミュニティ組織の再編は、主に以下の三分野で進められています。一つめは高齢者介護を中心とした地域での助け合い（互助）で、厚生労働省が進めています。2025年には団塊の世代が全員、後期高齢者になります。もし、今の介護保険制度のままで2025年を迎えると、財政負担が増加して大変だと政府は考えています。そこで介護保険制度を見直しています。たとえば要支援1と2の一部サービスを介護保険から外す、特養に入れる人を要介護3以上に限定するなどです。そのようにして介護保険から外された人も要介護・要支援状態であることには変わりありません。そのため介護保険に替わる受け皿が必要で、重視されているのが互助です。互助というのは地域での助け合いで、これを包括的に進めようとしているのが地域包括ケアです。

　二つめは20ページで見た地域運営組織で、総務省が進めています。中山間地域を中心に行政サービスの低下、民間事業者の撤退が生じていますが、それを地域住民が自ら補おうとする動きです。

　三つめはエリアマネジメントで、国土交通省が進めています。これは都心部や住宅地などで、住民、企業、地権者などが共同で、イベントの開催、地域の美化、景観形成、公共施設・空間の管理などを進めるものです。

　これら三つは各省が主導していますが、別々ではありません。解説7で見ますが、住宅地のエリアマネジメントには互助の側面があり、中山間地域から始まった地域運営組織も最近では都市部の取り組みも対象にしています。

　このようなコミュニティ組織の再編には以下のような特徴があります。一点めは、地縁的なコミュニティ組織にNPOや企業なども加えて新たなコミュニティ組織を育成しようとしている点です。町内会をはじめ地域活動の担い手は高齢者が中心で、地縁的なコミュニティ組

織は弱体化しています。そのため地縁的なコミュニティ組織では介護保険から外された人の受け皿になるのが困難です。そこで地縁的なコミュニティ組織だけでなく NPO や企業も入れて、互助組織になれる新たなコミュニティ組織をつくろうとしています。

二点めは、財源的に行政からの自立を展望していることです。地縁的なコミュニティ組織は行政の補助金に依存しがちです。新たなコミュニティ組織は、コミュニティビジネス、ソーシャルビジネス等を手掛けて、行政から財政的に自立すべきだと考えられています。エリアマネジメントでは構成員からの負担金徴収も検討されています。

三点めは、従来は行政もしくは公的な団体が担っていた業務を担おうとしていることです。介護保険の見直しによる互助、公共交通に変わる輸送手段を住民自ら運営する、公共施設や公的な空間の管理をコミュニティ組織が担う等です。

3　自治体再編の方向性

サービス・プロバイダーからプラットフォーム・ビルダーへ

国土、地域、コミュニティは以上のような方向で再編しようとしていますが、自治体はどのように再編しようとしているのでしょうか。総務省は自治体戦略 2040 構想研究会を設置し、2040 年頃の自治体の基本的方向性を検討してきました。そして 2018 年 4 月に第一次報告、同年 7 月に第二次報告（最終報告）が出されました。

報告書で示された一つめの方向は、自治体の役割を変えることです。報告では自治体の役割を「サービス・プロバイダー」から「プラットフォーム・ビルダー」に変えるとしています。現在、自治体はさまざまな事業を展開しています。ゴミの収集、上下水道、公共交通やコミュニティバス、保育所や幼稚園、図書館、病院等々、さまざまなサー

ビスを直接運営し、市民に提供しています。このような役割をサービス・プロバイダーと呼んでいます。

　このうち収益が見込めるものについては民間企業に任せ、収益が上がらないものについてはコミュニティに任せようとしています。その結果、サービスを提供するのは民間事業者であり、自治体はさまざまなサービスの基準を定め、利用のルールを決め、必要に応じて補助金をサービス提供者に支給することが役割になります。このように民間事業者がサービス供給を行えるような仕組み作りをプラットフォーム・ビルダーと呼んでいます。

フルセット型自治体から連携型自治体へ

　二つめの方向性は、自治体間の連携です。先に説明しましたが、市町村間の連携として連携中枢都市圏、定住自立圏がすでに進んでいます。また、地理的な理由からこれらの連携に加われない町村は、都道府県との連携を想定しています。

　まず前者ですが、連携中枢都市圏、定住自立圏とも通勤や通学、買い物など、市民生活のつながりの深い自治体同士で進められます。このような自治体の範囲を圏域と呼んでいます。今は市町村が基礎自治体であり、公共施設、義務教育、福祉などは基礎自治体を単位として、整備・運営してきました。市民生活に必要なさまざまな施策を展開しているためフルセット型自治体と呼んでいます。しかしこれからは人口が減るため、圏域単位で整備・運営すべきではないかとしています。つまりフルセット型自治体ではなく、圏域単位で市民生活を支えるべきではないかという意味です。それに伴い政府の政策・制度も圏域単位で進められるように、法律上の枠組みを設け、圏域の実体性を確立すべきとしています。

　この場合、中心市の役割が重要となります。現状では、指定都市、中

核市の場合、一般の市町村と比べ担当する業務は増えますが、業務を行う範囲は市内に限定されています。ところが圏域単位で考える場合、中心市が圏域全体の中心的な役割を担うようになります。これを圏域マネジメントと呼び、市を超えた圏域レベルでの役割が中心市に期待されています。具体的には、中心市が圏域レベルで介護保険等を展開し、周辺市町村は中心市が展開する介護保険を利用します。このようなことが実現すれば連携中核都市圏や定住自立圏が新たな段階に進むでしょう。この点が現在取り組まれている一部事務組合とは異なる点です。

二層制の柔軟化へ

　現在、自治体は広域自治体である都道府県と基礎自治体である市町村の二層制になっています。先の連携では、基礎自治体が担ってきた一部の業務を圏域に委ねることで、基礎自治体のあり方を変えるものとなっています。それに対して地理的な理由で圏域に加われない市町村は都道府県との連携が検討されています。市町村が担ってきた一部の業務を都道府県が担うということです。このような連携によって都道府県が担う業務は時と場合によって異なります。そのため両者の役割分担を固定的にとらえるのではなく、柔軟にとらえるべきだということです。

4　再編のコンセプトと進め方

三つのコンセプト

　さて今まで説明してきた再編の内容は大きく三つのキーワードにまとめられます。一つめはコンパクト、正確には集中です。政府はコンパクトと言っていますが、コンパクトですと縮小というイメージが強く

なりますので、集中といった方が本質を正確に表現していると思います。国土全体では東京への集中、都市圏では中心市への集中、中山間地域では小さな拠点への集中です。集中は政策的に進めることができ、それに必要な仕組みがいろいろと用意されています。いくつかの自治体はコンパクトの下で、中心部の活性化、再整備を進めようとしています。一方、縮小を計画的に進める仕組みは用意されていません。その結果、人口が減少する時代に集中を続けますと、大都市の郊外、地方、中山間地域では無計画な縮小が引き起こされます。

　二つめは連携です。人口が減少するため自治体が個別に政策を展開するのが難しくなるとし、自治体間の連携を重視しています。市町村間の連携、都道府県と市町村の連携です。連携中枢都市圏などの連携は中心市の役割が大きく、周辺市町村が吸収されるのではないかと懸念しています。また、自治体は施策について議会などで十分な議論を重ねていますが、連携して施策を展開する場合、議会や市民の関わりが難しくなります。

　三つめは行政責任の後退です。財政的に厳しくなるため行政が担ってきた業務を住民組織に委ねようとしています。また、収益が見込める部門については、民間企業に開放しようとしています。行政がさまざまなサービスを直接展開するのではなく、市民組織や民間が代替できるような仕組みを作ろうとしています。

地方創生＝自治体みずから地域再編を進める仕組み

　以上述べてきたような再編の方向性を国が示しています。しかし、国が自治体にその再編を直接、押し付けるのではなく、自治体みずからがその方向に沿って再編を進める仕組みを作っています。それが地方創生です。

　地方創生の交付金を確保するためすべての自治体が人口ビジョンを

作りましたが、それによりますと、2060年までに人口が増えるという計画をつくったのは沖縄県だけです。首都圏の都県はだいたい人口減少率5%ぐらいです。それに対して人口が最も減るとしたのは秋田県で人口減少率が40%を越えています。2060年には自分の県の人口はほぼ半分に減るという計画を県自らが立てていることになります。首都圏の自治体を除くと、大半の自治体がかなりの人口減少を前提とし、その下で地域をどうするかという計画になっています。

　地方創生には毎年予算がつけられていますが、自治体が申請したどの計画に予算をつけるかは政府が判断します。また交付金を獲得した自治体はそれで終わりではなく、交付金が有効に活用できたかを毎年検証し、政府に報告しなければなりません。政府はその報告を元に交付金の継続を決めます。当然、政府の意図に沿った計画に予算は配分されます。

　地方創生の個々のメニューには地域の将来にとって重要なものが含まれており、地方創生の具体的な内容をすべて否定する必要はありません。しかし地方創生を進めると、全体としては政府が描いた国土、地域、コミュニティの再編に近づきます。

　小泉構造改革の時、市町村合併の押しつけや地方交付税の削減に対して、自治体は反対の声を上げました。今回の地方創生には反対の声が全くといっていいほど聞かれません。交付金の総額が少ないという声は聞こえますが、地方創生そのものに反対する声は聞こえてきません。反対しない、もしくは反対しにくいのは、地方創生のメニューには地元にとって役立つものがあるのと、交付金を獲得するためです。そういう意味では地方創生がうまく機能しているといえるでしょう。

　1960年代に次ぐ国土、地域、コミュニティの大がかりな再編時代に突入しています。日本の高度経済成長を実現していくために国土、地域、コミュニティを大きく造り替えましたが、21世紀の国際競争の時

代、しかも大幅に人口が減っていくなかで、多国籍企業が勝ち残れるように、国土、地域、コミュニティを再び大きく造り替えようとしています。

参考文献

1　将来人口予測については国立社会保障・人口問題研究所のウェブサイトを参照。また、外国の将来人口予測については、同ウェブサイトに記載されている「人口統計資料集」を参照。

2　立地適正化の内容、市町村の取り組み状況などについては、国土交通省のウェブサイト「立地適正化計画制度」を参照。

3　連携中枢都市圏の内容、市町村の取り組み状況などについては、総務省のウェブサイト「連携中枢都市圏構想」を参照。

4　定住自立圏の内容、市町村の取り組み状況などについては、総務省のウェブサイト「定住自立都市圏構想」を参照。

5　小さな拠点、地域運営組織については内閣府のウェブサイト「小さな拠点情報サイト」を参照。地域運営組織に関する報告書は総務省のウェブサイト「地域づくり関連調査・統計資料」を参照。

6　公共施設等総合管理計画の内容、取り組み状況については、総務省のウェブサイト「公共施設等総合管理計画」を参照。

7　地域包括ケアの内容、事例については厚生労働省のウェブサイト「地域包括ケアシステム」を参照。事業所数等については、厚生労働省「平成28年度介護保険サービス施設・事業所調査」を参照。

8　エリアマネジメントの内容、事例については国土交通省のウェブサイト「エリアマネジメントについて」を参照。

9　自治体戦略2040構想研究会については、総務省のウェブサイト「自治体戦略2040構想研究会」を参照。

2章 | 自治体の動向と市民共同自治体への展望

1 開発型自治体と削減型自治体

開発型自治体の増加

　地域が再編されるなかで自治体も変わりだしています。その変化は大きく三つに分けられます。一つは開発型自治体の増加と暴走です。開発型自治体とは、人口減少で生じる問題を大型開発で切り抜けようとしている自治体です。「若者が大都市に流出するから、若者を引き留めなければならない。そのために大規模な都市開発を行い、若者向きの商業施設を誘致しよう」。「市民の消費が落ちているから、それを補うために海外からの観光客を増やそう。そのためには海外からのクルーズ船が接岸できる岸壁をまず造らなければならない」。「一人あたり消費額が大きい観光客は国際会議などに来る人である。そのような人を増やすためにまず、国際会議場を造ろう」等々。

　人口減少や地域消費の落ち込みを解決するため、まず最初に大型開発を行おうという自治体です。アベノミクスの下で公共事業費が増えていることもあり、大型開発を進めようとしている自治体が増えています。先に説明したコンパクトですが、人口減少に伴いコンパクト化を進めると聞くと、市街地の縮小だと思いがちです。しかし多くの自治体が計画しているのは、中心部の再開発、公共施設を統合し中心部に大規模な公共施設を新設する動きです。

　開発型自治体の典型はカジノ誘致です。カジノを誘致することで地

域での消費と雇用を増やすとしています。そのためにはまずカジノ誘致に必要なインフラを整備しなければならないといっています。

開発の財源は市民向け予算の削減で調達

1990年代も同じようなことがありました。当時はアメリカから内需拡大が強要され、政府自ら公共事業予算の拡大を図ると同時に、自治体にも公共事業予算の大盤振る舞いが行われました。バブル経済が崩壊し、地域経済が厳しくなってきた自治体は、公共事業拡大に飛びつきました。少なくない自治体は大型開発を進めることで地域経済の活性化を進めようとしました。

当時も今も大型開発を進めようとしている自治体の狙いは大きく変わりませんが、財源は大きく異なります。当時、大型開発の財源は起債でした。借金によって財源を確保し、大型開発を進めます。大型開発によって地域経済が活性化すれば、税収も増え、借金の償還が順調に進む予定でした。ところが、大型開発は順調に進みません。むりやり進めた大型開発も、思ったような経済効果を招きませんでした。その結果、税収は増えず、膨大な借金だけが残りました。しかし借金の返済は事業の成否と関係なく迫ります。自治体が借金を踏み倒すわけにはいきません。そこで市民向け予算の削減、人件費の削減を進め、借金返済の財源に充てだしました。これを当時は行政改革と呼びましたが、大型開発の失敗が自治体の財政状況を悪化させ、市民向け予算の削減に進んだといえます。

現在は1990年とは異なり、自治体の財政状況はすでに悪化しています。そのため借金を増やすことで大型開発の財源を得るのは困難です。そこで開発を進めようとしている自治体は、市民向け予算の削減、人件費の削減によって開発の財源を確保しようとしています。かつてのように回り回って市民向け予算が削減されるのではなく、大型開発を

進めることが市民生活の低下を直接、引き起こします。

開発型自治体の暴走（図2-1）

　人口減少の時代に大型開発が成功する可能性は1990年代よりも低い
でしょう。日本列島のあちらこちらでクルーズ船が接岸できる岸壁を
造っても、それだけのクルーズ船が来るとは思えません。隣同士の市
が各々の中心部で大型開発を行っても商業施設の誘致は難しいでしょ
う。科学的な需給予測をせず、闇雲に大型開発に邁進するのは暴走と
言っていいでしょう。大型開発が成功する可能性は低く、大型開発で
地域経済の活性化を図るのは困難です。

　地域経済の活性化が進まなければ、税収は増えず、財政悪化が進み、
市民向け予算や人件費はさらに削減されます。人件費の削減や市民向
け予算の削減は地域経済を冷え込ませます。自治体職員の多くはその
地域で暮らしています。
給与が下がれば地域で
の消費が減り、地域経
済を冷え込ませます。
市民向け予算の多くも
その地域で循環します。
各種の利用料金が上が
りますと、その分、市
民の消費が減ります。
市民向け予算の削減や
人件費の削減は、スト
レートに地域経済を冷
え込ませます。
　開発型自治体の暴走

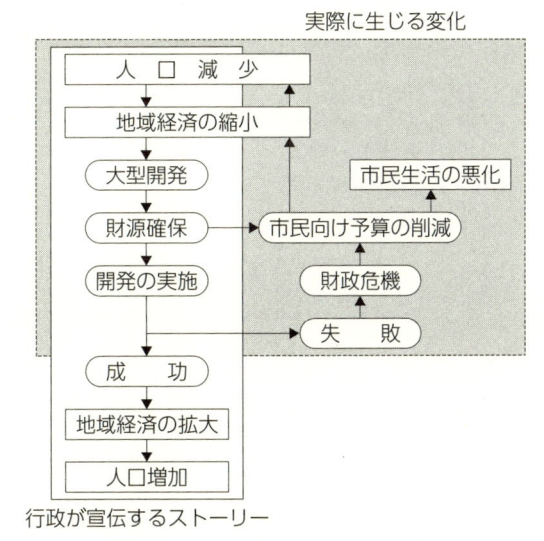

図2-1　大型開発がもたらす循環

出所：筆者作成。

は、大型開発の失敗、市民生活の低迷、地域経済の衰退を招きます。その結果、人口減少を加速化させます。

削減型自治体の迷走

もう一つは削減型自治体の迷走です。削減型自治体とは財政状況が悪化するなかで、しっかりとした考えもなく、漫然と市民向け予算や人件費を削減している自治体です。しかし市民向け予算や人件費を削減しますと、地域で流通する貨幣が減ります。貨幣が減るということは地域経済の低迷につながり、税収の減少を招きます。つまり、「税収の減少→財政悪化→歳出の削減→地域経済の低迷→税収の減少」という悪循環にはまり込みます。

削減型自治体の場合、いつまで歳出を削減したらいいのかというめどが全く立ちません。第一次の削減期間が終わりますと、その先には第二次の削減期間が待っています。開発型自治体はバラ色の「夢」を描いています。ただこの「夢」は「悪夢」ですが、それなりの「夢」を市民に示しています。それに対して削減型自治体は夢が描けません。それは悪循環にはまり込んでいるからです。将来の展望が示せず、だらだらと削減を続けているのがこの自治体の特徴で、迷走と言っていいでしょう。

ただし、削減型自治体にも変化が現れています。従来は漫然と削減している自治体が大半でしたが、最近では公共施設等総合管理計画の関係もあり、小中学校、公立保育所と公立幼稚園の統廃合を一気に進めたり、病院、各種施設を大がかりに再編する自治体が増えだしています。

2　市民共同自治体の誕生

政府による地域破壊への対抗軸

　先ほど自治体に三つの変化が現れていると述べましたが、三つめが市民共同自治体です。これはかつての革新自治体ではなく、保守的な市民と革新的な市民が共同し、それを基礎として政党が関わっている自治体です。

　市民共同自治体は各地で誕生していますが、比較的わかりやすい三つの流れを以下で紹介します。まず一つめは、政府による地域破壊への対抗軸として誕生した自治体です。その典型例は沖縄県と新潟県です。2014 年 11 月、沖縄知事選挙では共産党、社民党、生活の党、社大党、新風会（自民党を除名された議員で構成）が推した翁長雄志知事が誕生しました。翁長知事は元自民党沖縄県議で保守の重鎮でしたが、保守、革新の両陣営から支持され、自民推薦の現職に圧勝しました。この選挙で最大の争点になったのは米軍基地の辺野古（名護市）への移転です。世界一危険な基地と呼ばれた普天間基地を返還する代わりに、辺野古への新基地建設が示されました。新基地の面積は 204.8 ヘクタール、そのうち 4 分の 3 はサンゴが生息する海の埋め立てです。沖縄県には在日米軍基地の 70% 以上が集中しています。辺野古に整備される基地は 70 年使用で計画されています。普天間基地の返還は重要ですが、その移転先が辺野古ですと、米軍基地が沖縄に集中し続けることになります。

　1995 年、米兵による少女暴行事件をきっかけに、保守、革新を越え米軍特権の見直しと米軍基地の整理縮小が不可欠という世論が沖縄で形成されました。そして 2008 年には県議会で辺野古反対決議が賛成多数で可決、2010 年には辺野古移転に反対する稲嶺進名護市長が誕生、

2011年の県議会では全会一致で「少なくとも県外移転」が決議されました。

　そのような沖縄県民の意思を踏みにじるかのように2012年、普天間基地にオスプレイが配備されます。これに反対し沖縄県議会議長、沖縄市町村会会長、沖縄県商工連合会会長、連合沖縄会長、沖縄県婦人連合会会長名で建白書が安倍総理に提出されました。要望したのは、オスプレイ配備を撤回すること、普天間基地を閉鎖・撤去し、県内移設を断念することの2点です。

　ところが2013年、自民党は自民党沖縄県連に「県内移設反対」を撤回させました。そして同年12月、前知事は政府による沖縄振興予算の増額と引き替えに、公約を覆して辺野古への移転を容認しました。それに対して稲嶺名護市長の再選（2014年1月）、翁長沖縄県知事の誕生、参院選沖縄選挙区野党の勝利（2016年7月）、衆院選沖縄1区〜3区野党の勝利（2017年10月）と続きました。保守、革新を越え、なぜ沖縄だけに米軍基地が押しつけられるのか、本土では考えられないようなことがなぜ沖縄では起こるのか、いつまで沖縄が犠牲になりつづけるのかという共同が沖縄で形成されています。

　2016年10月、新潟知事選挙では共産党、自由党、社民党が推した米山隆一知事が誕生しました。相手候補は自民党、公明党が推薦した前長岡市長でした。この新潟知事選挙で最大の争点になったのは柏崎刈羽原子力発電所の再稼働問題でした。福島の原発事故がまだ収束していないにもかかわらず、政府は各地に原発再稼働を押しつけています。これに対して米山知事は三つの検証（①福島第一原発の事故原因の検証、②原発事故が健康と生活に及ぼす影響の検証、③万一原発事故が起こった場合の安全な避難方法の検証）がされない限り再稼働の議論は始めないという立場を鮮明にしました。この選挙では新潟の原発再稼働を認めるのかどうかが大きな争点となり、県民は政府のその

表2-1　新潟県米山知事の公約（抜粋）

(1) 安全への責任	①原子力防災への取り組み 　・三つの検証 　・三つの検証に基づいた安全な避難計画の策定 　・事故が起こった場合の被災者支援体制、制度の策定 ②自然災害防災に対する取り組み
(2) 食と農を守る責任	① TPP 対策 　・影響の検証と国への要請 ②地域農業保護対策 ③ 21 世紀型「農業大県」への挑戦
(3) 命の責任	①子育て支援、少子化対策 ②新たな医療の創造 ③誰もが安心して暮らせる介護の実現
(4) 雇用の責任	①新潟の利便性向上 ②新産業の促進
(5) 住民参加への責任	①一人一人が参加できる県政の実現
(6) 教育への責任	①誰もが安心して教育を受けられる新潟 ②質の高い義務教育の実現 ③芸術文化による地域の創造

出所：筆者作成。

ような押しつけに対して、地域の安全とそれを基礎とした将来を選択したといえます。

　もちろん新潟知事選挙で米山候補が勝ったのはそれだけが理由ではありません。一つめは、県内で粘り強く取り組まれてきた原発反対運動です。1996 年 8 月、巻町で「巻原発の住民投票」が実施され、投票率 88.3%、反対 63.3% で建設をストップさせました。そして 2001 年 5 月には、刈羽村で「プルサーマル計画の是非」を問う住民投票が実施され、投票率 88.1%、反対 53.4% でプルサーマル計画を阻止しました。このような原発に反対する長年の取り組みが今回の結果に大きな影響を与えました。二つめは、安保法制反対の取り組み、参議院選挙野党共闘の取り組みです。新潟では全国の動きに呼応して「安保法制

の廃止と立憲主義の回復を求める市民連合（市民連合＠新潟）」を結成しています。そして 2016 年の参議院選挙で、市民連合＠新潟と県内 6 野党、連合新潟の共闘ができ、野党統一候補を擁立し、勝利を収めています。このような一連の共闘が知事選挙に引き継がれました。三つめは、原発再稼働のみを争点にするのではなく、原発に依存しない新潟の自立的な発展について訴えたことです（**表 2 - 1**）。

　沖縄では米軍基地、新潟では原子力発電所が、地域の将来のためではなく、わずかな地域振興策と引き替えに、地域に押しつけられました。それに対して市民と地域を守るという視点で広範な共同が成立しました。もちろん単に守るだけでなく、基地、原発に依存した地域の将来か、それらから自立した地域の将来かを常に問いかけています。また国からの押しつけに対抗するため、常に広範な市民の参加、民主的運営が貫かれています。

合併、吸収ではない自立の対抗軸

　小泉構造改革では市町村合併が強行されましたが、当時も保守、革新を越え、市町村合併に反対する自治体が誕生していました。特に合併後、周辺部に位置づけられそうな自治体は、実質的な消滅に危機感を持ち、保守、革新を越えて連携し、地域を守るという視点で合併に反対しました。

　ただし地方交付税の削減が進み、単純に守るというだけでは自治体が運営できません。そこで、合併せずにどう地域を守り発展させるのか、規模は小さくてもどのようにして自立したまちづくりを展開すべきなのか、そのような経験交流を行うため、「小さくても輝く自治体フォーラム」が 2003 年 2 月に開催されました。さらにフォーラムを開催して経験交流を行うだけでなく、恒常的な組織として「全国小さくても輝く自治体フォーラムの会」が 2010 年 5 月に設立されています。平

成の大合併が終わった後もフォーラムは続き、2018年7月に第23回が開催されています。

　合併せずに自立したまちづくりを進めている自治体にはいくつかの共通点があります。一つめは地域資源を生かした地域経済対策です。かつてのように公共事業によって地域で必要な雇用を確保するのは困難です。また、企業誘致をするためには一定の先行投資が必要ですし、予定通り誘致できるかどうかはわかりません。そこで地域に存在する資源を見直し、それを生かすことで地域経済の活性化を進めようとしています。たとえば、島根県海士町でも小泉構造改革による公共事業費削減をうけ、町内建設会社の売り上げが激減しました。しかし、経営者は従業員を解雇せず、どうすれば雇用が維持できるかを考えました。そこで目をつけたのが畜産業です。畜産は繁殖農家と肥育農家に分けられ、隠岐は繁殖農家中心でした。一貫生産に変え隠岐牛というブランドを育成すれば、収益も増え、雇用も維持できます。そのような視点で毎月10頭以上出荷できる体制を整え、雇用を維持しています。また、海士町は周囲を海に囲まれるため、質のいい海産物がとれます。しかし、本州の市場まで運ぶのに時間がかかり、鮮度が落ちるため、安く買いたたかれていました。その状態を打開するため、町がCAS（Cells Alive System、冷凍しても質が低下しない設備）を導入しました。導入費用は高額でしたが、これによって東京まで運ぶことが可能になり、海産物の売り上げが大きく伸びています。工場とは違い第一次産業は生産物によって繁忙期と閑散期が異なります。たとえば春は岩ガキ、秋はイカ、冬はナマコ、そして夏は観光業が忙しくなります。そこで海士町観光協会が職員を雇用し、その職員が繁忙期を迎える現場を回り、必要な従業員が確保できる仕組みを作っています。

　二つめは少子化対策、移住対策に力を入れていることです。合併せず自治体を残しても、子どもや若者が減り続けると地域が維持できま

せん。岡山県奈義町は 2014 年の合計特殊出生率が 2.81 になり一躍有名になりました。この数値は一時的なものではなく毎年 2.0 前後です。奈義町は出産前から高校卒業まで切れ目のない子育て支援策を整えています。たとえば、不妊治療助成、出産祝い金（10 万円〜40 万円）、チャイルドシート・ベビーベッドの貸し出し、在宅育児支援手当（保育所に入園していない 4 歳以下の子どもがいる家庭に対して月 1 万円支給）、中 3 までの子どもがいる一人親世帯に対する補助（年額 5 万 4000 円）、高等学校等就学支援（高校の 3 年間年額 9 万円を支給）、高校生までの医療費無料化などです。大学生に対しては奈義町奨学金（年間 36 万円貸与）があります。

　三つめは市民参加を徹底していることです。平成の大合併を進めるため、地方交付税の削減が進められました。合併を選択しない場合、限られた財源の範囲内で自立したまちづくりを展開しなければなりません。今までのように行政、議員任せでは無理で、市民が行政職員とともに知恵を出し合い、何を削るのか、何に重点を置くのかなどを考えなければなりません。そのためには市民が積極的に参加できる仕組み作りが重要です。長野県阿智村は地域ごとに地域自治組織を設置しています。村内に八つの地域自治組織があり、交付金が支出され、地区計画も策定しています。地域自治組織は面的な組織ですが、課題別の自治組織として村づくり委員会が設置されています。5 名以上の村民で組織し、すでに 70 近くの委員会が登録され、さまざまな活動を展開しています。この村づくり委員会の活動等を全村的な課題として発展させるため、年 1 回全村研修会として社会教育研究集会が開かれています。さらに村内には一つの中央公民館と五つの地区館があり、そこを村民がさまざまな地域の課題を見つけ解決策を学び、議論する拠点として位置づけています。

新自由主義自治体・地域政党への対抗軸 [解説⑧]

　新自由主義自治体、新自由主義的地域政党とは、開発型自治体、削減型自治体の政策を基本に、小泉構造改革やアベノミクスのような新自由主義的施策を地域で展開している自治体、地域政党のことです。分かりやすい例としては大阪維新の会（以下「維新」と略します）が与党になっている大阪府や大阪市、大阪府内のいくつかの自治体をあげることができます。

　維新は 2010 年 4 月に設立されています。維新の特徴は大きく三つにまとめられます。一つめは典型的な開発型自治体という点です。維新が掲げている経済対策の中心はカジノ誘致で、そのために鉄道などのインフラを整備するとしています。またカジノ周辺で計画されている国際会議場などは、既存施設の倍以上の規模で、従来の保守自治体の構想と比べてもかなり大規模です。二つめは削減型自治体という点です。維新は医療、福祉、教育予算などを徹底的に削減しています。自治体によっては公立保育所、公立幼稚園の全廃を掲げています。また、維新の一丁目一番地と言われている大阪都構想は、大型開発、カジノ誘致の財源などを確保するために、大阪市を解体し、大阪市の予算の一部を大阪府に移そうというもので、大阪市民から見ると容認できない施策です。三つめは民主主義の軽視、敵視です。公務員に対する異様な攻撃、徹底的な労働組合敵視、生活保護世帯に対するバッシング、競争型の教育政策など、共同にはほど遠い体質です。また、大阪都構想は住民投票で一度否決されたにもかかわらず、もう一度住民投票を画策するなど、常識では理解できないような思考と言っていいでしょう。

　維新は従来の保守自治体よりはるかに右寄りに位置しています。しかも民主主義を軽視しているという点で、政治的には危険な勢力です。そのような新自由主義自治体、新自由主義的地域政党から地域と市民

解説8　維新の本質と反維新共同の現状

①維新が主張する二重行政とは

　大阪都構想は、大阪市を解体し、特別区を設置します。そのため、基礎自治体である大阪市はなくなり、特別区が基礎自治体になります。内容的には東京特別区と同じです。維新は大阪都構想を進める理由を、広域自治体である大阪府と、基礎自治体である大阪市の業務が重複しているため、ムダが生じているとし、このムダを解消し、広域自治体と基礎自治体の役割を見直すためと説明しています。維新はこの重複を二重行政と呼んでいます。

　二重行政の見直しで財源が生み出されるとしていましたが、最も大きな金額は地下鉄でした。しかし、地下鉄は大阪市営しかなく元々二重ではありません。また、大阪市立病院と大阪府立病院が二重だから大阪市立病院を廃院にする、大阪府立大学と大阪市立大学が二重だから統合するとしていますが、これらの二重で困っている市民はいません。それどころか市立病院の閉院で医療空白地が発生し、大きな問題を引き起こしています。二重行政批判はイメージとしては分かりやすいため市民に浸透しまし

表2−2　反維新系自治体の誕生経緯及び現状（選挙年月は最新の

市町村	選挙年月	反維新系首長(前職)、支持政党	維新系候補(前職)	予算に賛成の政党
豊中	2018年4月	新人(元副市長) 自、公、民、社、由、(共)	新人(元府議) 維公認	現市長による予算なし
泉南	2018年4月	現職 自、公、(共)		自、公、維、共
貝塚	2018年2月	(無投票)		自、公、維
堺	2017年9月	現職 自、民、社、こ、(共)	新人(元大阪府議) 維公認	自、公、ソ、共
島本	2017年4月	新人(ユースホステル協会職員) (民)、(共)	新人(元大阪府理事) 自、公、維推薦	全会一致
四條畷	2017年1月	新人(元外務省職員) (共)　(民)	現職 維推薦	全会一致
忠岡	2016年10月	(無投票)		全会一致
河内長野	2016年7月	新人(大学准教授) (共)　(民)	現職 (自、公、維)	全会一致
田尻	2015年11月	新人(元新聞社社員) (共)		全会一致
吹田	2015年4月	新人(元市部長) 自、公、(共)	現職 (維)	自、公、共、維
高槻	2015年4月	現職 自、公、民、(共)		自、公、民、維、共
寝屋川	2015年4月	新人(元自民党大阪府議) 自、(共)	新人(元市議) 維推薦	全会一致
八尾	2015年4月	現職 自、公、民、社、(共)	新人(元市議) 維推薦	自、公、市

　注　民：民主党、民進党、国民民主党、立憲民主党、希望の党。こ：日本のこころ。み：みんな
　　　反維新系は筆者の判断であり、首長がそのように表明しているわけではありません。
　　　支持政党欄の（　）は自主支援、ただ自主支援は政党として表明している場合とそうでな

たが、内容はきわめていい加減です。

②大阪都構想の本質

　2015年5月に大阪都構想の是非を問う住民投票が実施されました。その結果、反対が過半数を占め、大阪都構想は否定され、常識的に考えるとこれで決着が付いたはずです。ところが維新は大阪都構想に再挑戦すると言い出しました。維新は、前回の住民投票で否決されたのは大阪市を五つに分割した案である。この区割りに問題があったため、次回は四つに分割した案で是非を問うとしています。

　しかし大阪都構想が否決されたのは区割りに問題があったからではありません。大阪都構想の最大の本質は大阪市を解体し、開発に関する権限を大阪府に集中させること、大阪市に入る税金の一部を大阪府に移し開発の財源を確保することにあります。そのようなことを進めると大阪市の医療、福祉、教育予算が大幅に減ることは明らかです。大阪市は指定都市であり、財政的にもある程度ゆとりがあります。その権限と財源を市民のために使うことこそが重要ですが、大阪都構想は真逆であり、それに市民が気づいたため、2015年の住民投票で否決したわけです。

選挙、支持政党等は最新の選挙時、予算に賛成の政党も最新の状況）

前市政、現市政の特徴
共産は維新市政を防ぐために革新系候補者を擁立せず保守系候補者を自主支援、選挙後は野党的対応。現市長は前市長が進めてきた小中学校の統廃合を継承、市民との間に軋轢が生じている。
2014年に市長選挙で維新系候補者に勝ち、共は自主支援。2018年選挙では維は候補者を立てず。現市町は対話路線。前市長が進めた民営化路線は止まっている。
2期連続無投票。共は2015年以降、議席を持たないがそれまでは与党的対応。
2010年市長選挙で前市長の後継者として当選（前市長は自、公、民、共の支持を得ていた）。
2009年選挙では橋下大阪府知事（当時）の応援で当選、その後、維が大阪都構想を掲げ堺解体を主張したため、2013年、2017年選挙では反維新。対話路線を進め、福祉などの充実も図る。学童保育で市民と対立。
維が高槻との合併を表明し最大の争点に。維新系候補者は3か月前に住民票を移した人、「島本のことは島本で決める」と市民が反発。現職は32歳の新人、2か月前に立候補を決める。市民派議員が動く。
前市長が進める学校統廃合（小学校3校と中学校1校の統廃合）が最大の争点。前市長は市民の声を聞かず。現市長は28歳、3か月前に立候補を決める。学校統廃合は止めていないが、市民との対話は進めている。
2004年住民投票で合併が否決、推進派町長が辞任。その後、合併反対運動を進めてきた元校長が町長に（現町長）、当初は共のみが自主支援。その後、4回中3回無投票。現在は、自、公、共が自主支援。
不祥事が多発、前市長はダメという市民の声が大きくなった。前市長は市民との対話はせず、特に革新系団体とは会わなかった。現市長は対話路線、高齢者対策も前進。
2015年選挙で現市長を共のみが自主支援、自、公は前市長を支援、維は態度を明確にせず。現市長は対話路線。
維新前市長は非民主的運営、疑惑が発覚し維を離党（実質的には維のまま）。現市長は対話型、ただし大型開発を推進、前市長の福祉分野における民営化路線を継承、新たな民営化も計画。市民との間に軋轢。
現市長は2011年に推薦の新自由主義的候補者を制し当選。反維新を明言していないが、2011年から共は自主支援。対話路線、教育、福祉の充実に力を入れている。
前市長は非民主的な運営で、利権政治の批判あり、開発には熱心。反前市政、反維新で自が候補者を擁立し、共が自主支援。現市長は対話路線で福祉の充実も進めている。
共は維新市政を防ぐために革新系候補者を擁立せず保守系候補者を自主支援、選挙後は野党的対応。現市政が進める保育所・幼稚園の統廃合、出張所の機能縮小で市民と対立。
の党。ソ：ソレイユ堺、市民派議員＋民主党で結成。市：市民クラブ、民主党系会派。

い場合があり、（　）に明記するかどうかはすべて筆者の判断。

生活を守るため、さまざまな共同が広がっています。長年地域の子育てを担ってきた公立幼稚園や公立保育所、さらには小学校の統廃合計画に対し、保守、革新の区別なく、多くの市民が反対の声を上げています。また地域医療に重要な役割を果たしてきた市立病院の閉院に対しても、地元医師会を始め、さまざまな団体、市民が抗議の声を上げています。

　政党で見ますと保守自治体の与党であった自民党から、保守自治体では野党であった共産党までが連携し、市長選挙や市民運動に取り組んでいます。このような連携が進む理由は二つです。一つは維新の政策が、市民生活や地域を大きく破壊するものであり、革新層にとどまらず、保守層にも受け入れがたいものであるからです。もう一つは保守政党と革新政党が連携しないと維新の横暴を防ぐのが困難だからです。

　反維新を明確にしている市長と反維新とは明言していない市長（非維新）がありますが、維新が公認、推薦していない市長（以下「反維新系」と表現します）の誕生経緯、その後の推移を見たのが**表2-2**です。大阪府内には43の市町村があります。反維新系の市町村は13か所で30.2％です。そのうち共産党が与党的立場（予算に賛成など）を取っている自治体は11か所、25.6％です。

　これらの反維新系自治体は三つに分けられます。一つめは保守候補に共産党が自主支援の形で連携して誕生した自治体で、その後も共産党が与党的立場を保っている自治体です。堺市、高槻市、寝屋川市などです。二つめは誕生までは同じですが、自治体運営では共産党が野党的立場を取っている自治体です。八尾市、豊中市などです。三つめは政党とはほとんどつながりのない候補者を共産党などが自主支援し、主として市民運動の力で誕生させた自治体です。四條畷市、河内長野市、島本町、忠岡町です。

　二つめの自治体は、革新層からみると維新系市長誕生を阻止することが主たる目的です。反維新が保守、革新に分かれて候補者を擁立すると、維新に勝てない場合が多いからです。その考え方は重要ですが、そのようにして選出される市長は保守系の市長であり、市政運営は従来の保守市政とほぼ同じです。そのため、自主支援であっても革新層には自分たちが協力して誕生させた市長であるにもかかわらず、なぜこのような施策を展開するのかという不満がたまりがちです。基本は選挙後、二つめのような自治体にならない働きかけが重要です。

　その点で重要なのは一つめの自治体で、共産党が与党的立場を保っています。市長はすべて保守系で、民営化を巡って市民との間に軋轢はありますが、全体的には革新層も納得できる施策が展開されているからです。なぜそのようになっているのでしょうか。まず、反維新が明確な自治体ほどその傾向が強いということです。維新は開発型、削減型、非民主的で特徴づけられますが、それへの反対を鮮明にすればするほど、革新層も納得できる施策に近づきます。また、市長が市民との対話を重視していることも重要です。選挙の時、維新系候補者に対し、地域のことは地域で決める、独裁ではなく市民的議論を踏まえて進めると訴えた市長が多くなっています。そのため市長になった後も、対話型市政運営を進めます。保守層と革新層の間には施策を巡る意見の違いは存在しますが、議論しながら進めるという姿勢を保つ限り、決裂という事態はかなり避けられます。革新層も、違いを鮮明化するのではなく、対話の継続を評価する視点が必要です。最後は、革新側の政策立案力です。反維新自治体を創ることが目的化すると、その後、与党的視点からの政策提案がおろそかになります。そうではなく新たな自治体がどのような施策を展開すべきか、革新層が常に市長、行政に問題提起し続けることが重要です。

　三つめの自治体ですが、当初の公約は明快ですが、時とともに曖昧

になる自治体があります。それは議会内で市長の立場が不安定であり、また維新や保守政党が与党的立場を取りだし、市長の姿勢を変えようとするからです。この場合、市長が公約を維持できるような世論を市民運動で継続できるかどうかが重要です。また一つめの自治体でも書きましたが、革新層が与党的視点で政策提案をし続けているかどうかも重要です。

3　市民共同自治体の展望

国政と地方政治のずれ

　国政の分野では安保法制以降、野党共闘が進んでいます。ジグザグはありますが、2016 年の参議院選挙では 32 すべての一人区で野党の候補者が一本化され、そのうち 11 名が当選しました。このような共闘は戦後初めてのことです。2017 年の衆議院選挙では、大都市部の一人区でも候補者の一本化が進みました。もちろんさまざまな問題はありますが、国政ではアベノミクスの対抗軸がかなり明瞭に示されています。

　ところが地方政治は一部を除き、そのような状況になっていません。国政レベルで野党共闘が実現した地域でも、知事選挙、市長選挙では、今の自治体を変えるため、広範な市民で構成された対抗軸が示されているかというと必ずしもそのようにはなっていません。都道府県議選挙では多数の一人区がありますが、そこで候補者調整が進んでいる状況はほとんどありません。

1970 年代との違い

　1970 年代は今と反対の状況でした。当時は高度経済成長のひずみが拡大し、市民生活は深刻な状況に置かれていました。それを解決するため全国各地に革新自治体が生まれ、市民生活と地域を守る先頭に立

ちました。その典型は公害対策です。当時の政府は公害対策を、「経済成長と調和する範囲内」で進めていたため、深刻な公害を防ぐことができませんでした。それに対して革新自治体は、市民生活を優先し、国の公害対策を上回る施策を展開しました。このような革新自治体の動きが、政府を動かし、国の公害行政を大きく改めさせました。

　その一方、国政では、自治体で進められたような革新統一は形成されませんでした。野党が国会議席で伸びたため国政でも一定の成果がもたらされましたが、地方政治のような政治革新は実現せず、その後の革新自治体崩壊の一因につながったと考えられます。

　現在はそれと反対の状況です。国政では野党共闘が進んでいますが、多くの自治体では新たな対抗軸が明確には示されていません。そのため、一部を除き、地域や暮らしに対して不満、不安を持っている市民の受け皿が自治体レベルでは存在せず、開発型自治体や削減型自治体の増加を招いています。また、地域の状況に対する市民の不満、不安を背景とした新自由主義地域政党が議席を伸ばし、今までの保守政党が実現できなかったような新自由主義的な施策を、地域問題を解決するかのような装いで展開しようとしています。

市民共同自治体の歴史的位置づけ

　図2-2は1970年代と現在の地方政治の状況を見たものです1970年代は保守、革新の時代です。市民は保守層、革新層、無党派層に分かれ、保守政党は保守層を基盤とし、革新政党は革新層を基盤にしていました。この革新陣営に属している政党間で共闘が成立し、革新自治体建設が進みました。

　現在も市民は保守層、革新層、無党派層に分かれます。[A]は多くの自治体で見られるタイプです。保守政党は保守層を主たる基盤にし、複数の保守政党が連携しています。この保守政党が地方政治を動かす

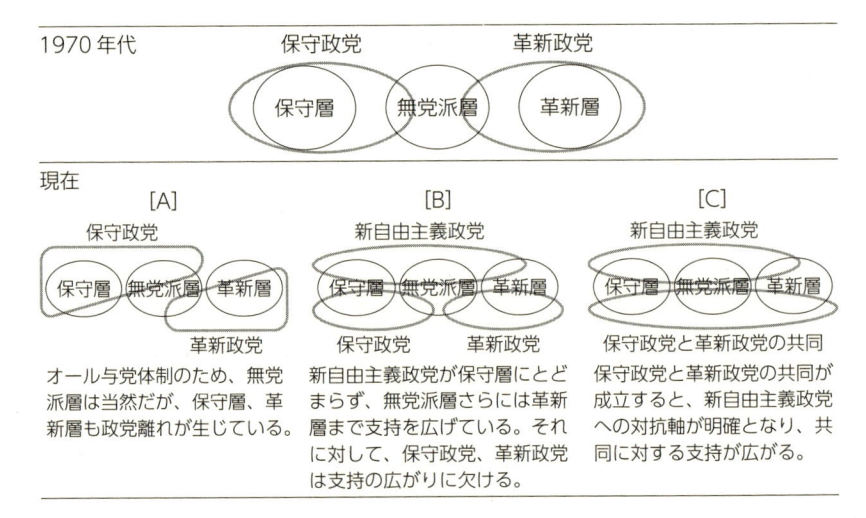

図2-2 地方政治をめぐる状況

出所：筆者作成。

場合、オール与党体制といわれます。政策的には先に見た開発型自治体か削減型自治体が多くなります。オール与党体制であっても与党であり続けるためには、ある程度市民の支持を得られるような施策を展開します。ところが税収の落ち込みが顕著になり、政策的な余裕がなくなってきますと、オール与党体制の弊害が大きくなります。その結果、無党派層や革新層を中心に地方政治に不満を持つ市民が増えますが、オール与党体制のままですと、変革の展望が見えにくく、無党派層はもちろんですが、一部の保守層、革新層も保守政党、革新政党から離れがちです。

　[B] は、[A] の保守政党が政府の政策を取り入れ、新自由主義的な施策を大規模に展開しだした場合、もしくは新自由主義的な地域政党が誕生し、保守政党以上の施策を展開しだした場合です。政策的には先の開発型、削減型が極端な形で現れます。たとえば、財政難を口実に公共施設の統廃合を一気に進めようとしたり、医療・福祉予算を大

幅に削減しようとします。その一方で大規模な開発に限られた財源を使おうとします。

　新自由主義に傾斜した保守政党はもちろんですが、新自由主義的な地域政党も、市民的には保守層を地盤にしています。しかし、このようなことが起きますと、地域や市民の暮らしを守りたいと考えている保守層がそのような新自由主義的な施策を拒絶するようになります。そこで新自由主義とは相容れない保守層を基盤とした保守政党（「従来からの保守政党」と呼びます）ができ、政治レベルでは三極構造（従来からの保守政党、革新政党、新自由主義に傾斜した保守政党もしくは新自由主義的な地域政党）になります。新自由主義的な施策で恩恵を受ける市民は少数ですが、新自由主義に傾斜した保守政党もしくは新自由主義的な地域政党は、改革的ポーズを取るため、現状に不満をもつ無党派層や一部の革新層にまで支持を広げがちです。そうすると従来からの保守政党と革新政党が分裂している限り、そのどちらかが与党になることは難しく、三極構造では新自由主義に傾斜した保守政党もしくは新自由主義的な地域政党が与党の位置を占めがちです。その結果、新自由主義的な施策から地域と市民を守ることが難しくなり、市民生活はますます厳しくなりますが、[A] と同じで変革の展望がなかなか見えません。新自由主義的施策に対抗する勢力が分散しているからです。現在はこのような状況が地方政治で広がりだしています。

　[C] は、政府が進める地域再編や新自由主義的な政策から地域と市民を守るために、従来からの保守政党と革新政党が連携しだした状態です。このように保守と革新が共同し、その共同を元に成立している自治体が、数的には少数ですが、全国で誕生しだしています。本書で市民共同自治体と呼んでいるのはこのような自治体です。[B] のように保守と革新が割れているのではないため、政府が進める地域再編や新自由主義的な政策に対する対抗軸が明確になり、新たな自治体建設

解説 9　市民共同自治体の広がり

宝塚市長選挙（2017 年 4 月）　I

　2017 年、現職の中川智子市長が 3 選（民進、社民、共産）。対立候補は自民推薦候補と維新公認候補。2009 年の選挙は前市長の辞任（汚職事件）を受けたもの、社民、共産が支持、自民は自主投票、民主は別の候補者を擁立。汚職防止に力を入れると同時に、福祉、教育、子育て支援を重点化。中川市長は社民党元衆院議員。

堺市長選挙（2017 年 9 月）　H

　2017 年、現職の竹山修身市長が 3 選（自民、民主、社民、共産）。対立候補は維新（公認）。公明は自主投票。2013 年の選挙も同じ構図。両選挙とも最大の争点は、大阪都構想で堺市を解体するのかどうか。同時に竹山市長は大阪都構想に加わらず指定都市の権限を生かした堺市の将来展望も示す。

市川市長選挙（2018 年 4 月）　F

　2017 年 11 月の市長選挙では法定得票数に届いた候補者がおらず翌年に再選挙。再選挙では元民主党衆院議員の村越祐氏（立憲、民進、共産、自由、社民、市民ネット）が、保守系元衆院議員、保守系元県会議員（自民、公明）に勝利。野党統一候補を強調し、市民参加型の市政運営を主張。

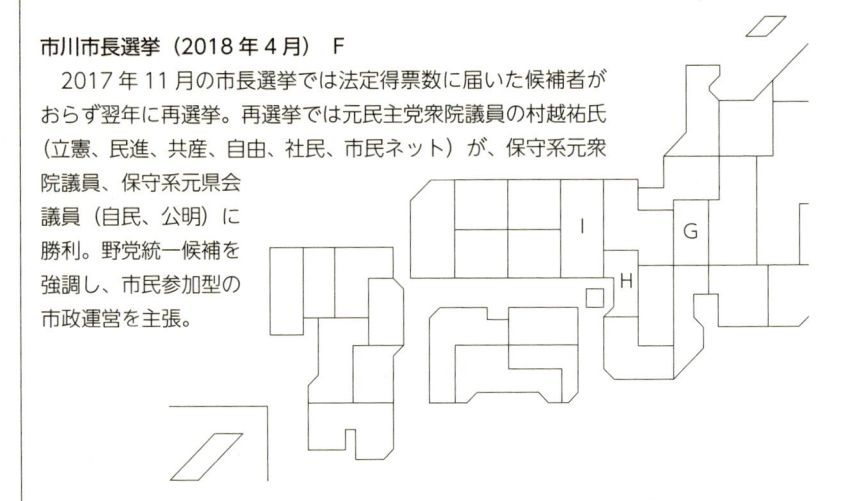

近江八幡市長選挙（2018 年 4 月）　G

　2018 年、自民党元衆議院議員の小西理氏（政党で支持したのは共産のみ）が現職（自民、公明、維新）に勝利。最大の争点になったのは新市庁舎建設の是非。90 億円かける新市庁舎建設に対して、小西氏は現行計画を白紙に戻し、耐震補強等を進めることで事業費圧縮を主張。就任後、実際に業者との契約を破棄した。

出所：地図は「CraftMAP」（http://www.craftmap.box-i.net/）より作成。

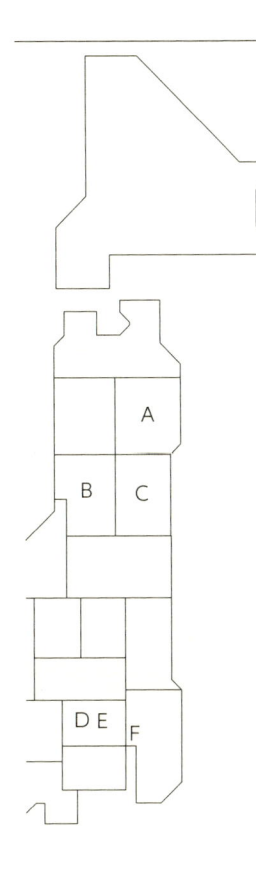

岩手県知事選挙（2015年9月）　A

2015年、現職の達増拓也知事が無投票で3選。無投票になったのは、自民、公明が支持を予定していた候補者が立候補しなかったため。現職を支持したのは民主、共産、社民、維新の党、生活。選挙に大きく影響したのは、安保法案を巡る国会の状況で達増知事は安保法案に反対の立場を表明。もう一つは東日本大震災の復興について。

山形県知事選挙（2017年1月）　B

2017年、2013年、現職の吉村美栄子知事が無投票で3選、2選。2009年の選挙で現職に勝利。2009年に現職を支持したのは自民、公明。吉村候補を支持したのは民主、社民、共産。この構図はその後も変わらず、自民は2017年の選挙で候補者擁立を断念。

仙台市長選挙（2017年7月）　C

2017年、民進党元衆院議員の郡和子氏が勝利。支持したのは、民進、社民、共産、自由。自民、公明は対立候補を擁立。選挙に大きく影響したのは加計学園問題など安倍政権に対する批判。郡氏が市政で重視するとしたのは、子育て支援、教育環境の整備、日常生活圏域を単位とするまちづくり、仙台の歴史・自然環境の保護。

武蔵野市長選挙（2017年10月）　D

2017年、新人の松下玲子氏（民進、共産、自由、社民、ネット）が勝利。対立候補は自民推薦。松下氏は前市政（民主、共産、社民、ネット）の継承を主張、子育て支援、高齢者・障害者施策の充実を掲げる。

中野区長選挙（2018年6月）　E

2018年、酒井直人氏（立憲、国民、共産、社民、自由、ネット）が現職（維新、自民、公明）に勝利。争点になったのは現職が計画しているJR中野駅北口再開発（中野サンプラザ、中野区役所の解体と新たな集客施設等の整備）。酒井氏は市民参加で計画の見直しを主張、同時に1を切る合計特殊出生率に対して子育て支援の充実も主張。

の可能性が広がります。

地域での対立点を正確に理解すべき　　　　　　　　　［解説⑨］

　市民共同自治体の役割はまず、新自由主義的な施策から地域と市民を守ることです。多くの自治体では新自由主義に傾斜した保守政党もしくは新自由主義的な地域政党から地域と市民を守ることになります。［解説⑨］では新たな自治体の動きを紹介していますが、多くはそのような目的で誕生しています。

　ただし沖縄県では、地方自治を蹂躙する政府から、地域と市民を守ることが主たる目的になります。また、先に見た「全国小さくても輝く自治体フォーラムの会」は、政府が進める地方潰しから、地域と市民を守る動きです。もちろんそのような地域でも政府の考えを代弁する政党等が地域に存在します。

　小泉構造改革、アベノミクスと、政府が新自由主義的な施策を本格的に展開しだしています。国政レベルでは、与党＝新自由主義的政党であり、保守政党＝与党ではありません。新自由主義的な施策に賛同しない保守政党は、野党になります。そのため野党＝革新でもありません。国政で進んでいる野党共闘は、革新政党の共同ではなく、新自由主義に反対する保守と革新の共同です。

　地方政治での共同はさらに複雑です。［解説⑨］で見たように国政レベルと同じ与党 vs 野党になっているところが大半ですが、そうでないところもあります。大阪のように維新のような地域政党があるところでは、自民党と共産党が連携しています。自民党は国政レベルでは新自由主義的な施策を展開する与党ですが、地域レベルではそうではないところがあります。地域レベルでの自民党が従来からの保守政党にとどまっていれば、市民共同自治体に向けた共同が可能です。

　地域で生じている対立は、保守か革新かという段階もありますが、

その段階から変わっている地域もあります。地域での対立が、新自由主義かそうでないかになっているにかかわらず、保守、革新にこだわっていると、地域での変革が難しくなります。地域で生じている対立が新自由主義かそうでないかになっている場合は、主体の側も**図2-2**[B] から [C] に発展させない限り、地域を変えることは困難です。

政党主導ではなく市民主導の共同を

　1970年代の革新自治体は、市民団体や労働組合も関わっていましたが、現在の共同は、市民主導で進む場合が多いといえます。国政で進む野党共闘も市民の動きが大きな影響を与えています。**図2-2**で見た [B] から [C] へ発展させることは文字で説明すると簡単ですが、実際は大変です。特に政党や労働組合は今までの経緯があり、簡単には共同が組めません。

　その壁を取り払うのに重要な役割を果たせるのが市民です。地域で生じている問題に保守層と革新層が共同で取り組み出すと、保守政党、革新政党も共同の場に顔を出します。その地域で暮らす市民の声は大きな影響力をもっています。市民から保守と革新の共同を願う声が上がりますと、政党は簡単に無視できません。

　長年、対立関係にあった保守政党と革新政党が共同へ進めるかどうかは、市民からの働きかけにかかっていると思います。地域と市民生活が崩壊に直面しているなかでは、保守、革新の区分よりも、地域を潰すか、救うかの区分の方が大切です。市民がそのような視点で動きますと、政党も含め地域全体がそのような方向で動き出します。

参考文献

1　沖縄知事選挙については、本多滝夫・白藤博行・亀山統一・前田定孝・徳田博人『Q&A　辺野古から問う日本の地方自治』自治体研究社、2016年5月、宮

本憲一・白藤博行編著『翁長知事の遺志を継ぐ』自治体研究社、2018 年 9 月を参照。

2　新潟知事選挙については、にいがた自治体研究所編『県民は、なぜ米山知事を選んだのか』にいがた自治体研究所、2017 年 5 月を参照。新潟県の取り組みについては新潟県のウェブサイト「原発事故に関する三つの検証について」を参照。

3　全国小さくても輝く自治体フォーラムの会については、同会・自治体問題研究所編『小さい自治体　輝く自治』自治体研究社、2014 年 5 月を参照。

4　阿智村については、岡庭一雄・細山俊男・辻浩編『自治が育つ学びと協働　南信州・阿智村』自治体研究社、2018 年 2 月を参照。

3章 市民共同自治体の政策

1 政策の基本的な枠組み

市民共同自治体の役割

　2章で見た保守と革新の共同は、新自由主義的な地域の再編、市民生活破壊から、地域と市民を守るために形成されます。そしていくつかの地域ではその共同に基づいた市民共同自治体が誕生し、市民の暮らしと地域を守りはじめています。

　しかし、市民共同自治体の役割は市民と地域を守ることだけではありません。なぜでしょうか。20世紀の終盤から本格的なグローバリゼーションが始まりました。国境を越えて企業が競争し、多国籍企業として最大限の収益を上げようとしています。その結果、一部の大手企業や富裕層に富が集中し、貧富の差が広がっています。また、地域ごとに育まれた文化、歴史が簡単に切り捨てられています。

　多国籍企業が最大の収益を求めて企業活動を展開するのは当たり前です。本来であれば、政府が行き過ぎた多国籍企業の活動を規制し、グローバリゼーションでもたらされる弊害を解決しなければなりません。ところがアベノミクスは多国籍企業の収益を最大化させるための政策であり、その障害となる制度・計画などを次々と作り替えています。1章で見た国土、地域、コミュニティの再編はこの一環です。この結果、日本の地域と市民生活はきわめて深刻な状態に置かれています。

　この動きが本格化したのは小泉構造改革です。グローバリゼーショ

ンが今後も継続して進む以上、新自由主義的な政策は、一時的な政策ではなく、継続性があります。

グローバリゼーションと政府の政策を受け、地域の保守政党が新自由主義に傾斜したり、保守政党以上に新自由主義的な地域政党が誕生しています。これらは政府の動きを利用して地域の再編をさらに進めようとしており、この動きも一過性のものではありません。

このような状況のなかで、保守と革新が共同し市民共同自治体を創りだしています。この自治体の役割は、新自由主義的な地域再編から地域と市民を守ることにあります。同時にグローバリゼーションと人口減少のなかで地域と市民生活を維持し、発展させるためにはどのような地域政策が必要なのか考え、実践するところにもう一つの大きな役割があります。市民共同自治体が後者の役割を発揮できなければ、地域と市民生活を守り続けることは困難であり、次第に民意も離れるでしょう。

政策の基本的枠組み

地域と市民生活の状況から判断しますと、市民共同自治体が取り組むべき重点分野は、地域経済、子育て支援、医療・福祉、教育、まちづくり・防災になります。もちろん地域の実情によって重点の置き方は異なりますし、別の分野が重要な場合もありますが、この5分野はどの地域でも重要です。

この5分野で政策をどのように具体化するかですが、重要な視点は、格差是正、地域性、行政責任、市民参加の四つです。これを図化したのが**図3-1**です。

グローバリゼーションのなかで格差が拡大し、そのことがさまざまな問題を引き起こしています。格差の是正は後ろ向きな施策ではなく、グローバリゼーションが進むなかで、地域と市民生活を維持、充実さ

せるために不可欠な施策です。またグローバリゼーションは国境を越えて進みますが、人々の暮らしは地域で営まれます。地域としてのまとまりをどう築き上げるのか、地域で育まれてきた文化をどう継承・発展させるのかが重要となります。さらにさまざまな分野で行政責任が曖昧になっています。グローバリゼーシ

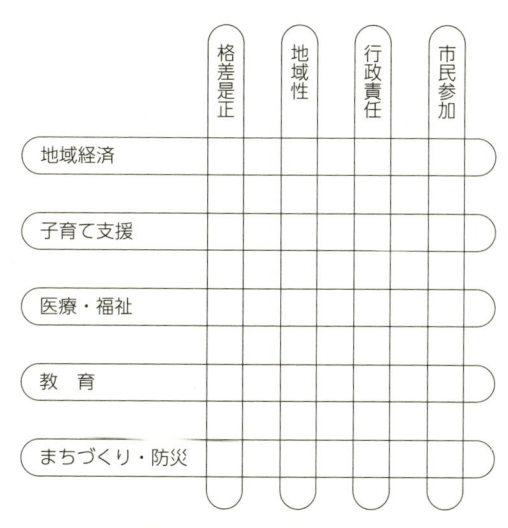

図3-1　市民共同自治体の政策
出所：筆者作成。

ョンは多国籍企業にとって不都合な規制を次々と取り払おうとしますが、はたしてそれでいいのでしょうか。行政の役割をどう考えるべきでしょうか。そしてさまざまな分野で市民参加を徹底させるべきです。なぜ市民参加が必要なのか、具体的にどうすべきかを考えなければなりません。

　図3-1の横軸と縦軸が交差している点の具体的な内容を考える必要があります。**図3-1**の横軸ごとに施策を説明する場合が多いと思いますが、ここでは縦軸を中心にいくつかの内容に触れます。

2　すべての主要施策に格差是正を貫く

地域経済活性化の核心は格差の是正

　開発型自治体は地域経済の低迷を、大型開発を進めることで打開しようとしています。若者が地元で買い物をするように駅前を開発し、

商業施設を誘致しよう、観光客を誘致することで、地元市民の消費の落ち込みを補おうなどです。しかし、日本経済の6割以上は個人消費で支えられています。この個人消費の落ち込みが日本経済と地域経済を冷え込ませています。個人消費が落ち込んでいるのは日本に富が不足しているからではありません。庶民や中小企業が創りだした富を、大手企業や富裕層が取り込んでいるからです。

　自治体はこの根本問題に立ち向かうべきです。もちろん自治体がとれる対策は限られています。しかし根本的な課題から目をそらすのではなく、可能な範囲で対策を取り、自治体が協力し合って政府に政策変更を迫るべきです。この点を曖昧にしますと、事態を抜本的に改善できる方向が市民に見えず、開発型自治体に流れてしまいます。

　企業が多数立地している大都市部の自治体は、ブラック企業規制条例を制定し、ブラック企業を取り締まるべきです。また公契約条例を制定し、労働者に適切な賃金を保障すべきです。言うまでもありませんが、自治体は人件費削減を目的とした民営化や民間委託をやめるべきです。自治体が勤労者の所得を下げ、地域経済を冷え込ませるような施策はやめるべきです。

　本来、格差の是正は国が進めるべき政策です。多くの自治体がこのような視点で施策を充実させながら、自治体が共同で国に政策の転換を迫るべきです。

格差是正の中心は医療・福祉・教育の充実

　さまざまな先端医療が開発される一方で、個人負担が障害になって必要な医療を受けることができない人が増えています。また都市部ですとすぐに受けられる医療が、病院の統廃合が進んだ地方では受けにくくなっています。所得によって必要な医療や介護が受けられない、住んでいる場所によって医療へのアクセスが大きく異なるのは、個人

にとって大きな問題です。同時に社会にとっても、重症化することで社会的費用が増えます。地域医療をどうするのか、医療と介護の関係をどう強化するかは自治体の課題です。

　日本で子どもの貧困が大きな問題になっています。深刻なのは所得階層の低い親に育てられた子どもが、大人になって所得階層が低くなる貧困連鎖が生じていることです。これを食い止めるためには、すべての子どもに社会で必要とする学力をつけなければなりません。ところが競争型の教育を進めているため、教育費をかけてもらえない家庭の子どもほど競争から脱落しやすく、脱落した子どもは小学校卒業段階の学力すら身についていません。このような貧困の連鎖は本人にとって大きな問題ですが、社会的に見ても看過できない問題です。義務教育は自治体の責任で進めています。自治体はこのような教育格差を直視し、対応すべきです。

自治体が協力して地域間格差の是正を政府に働きかけるべき

　働く女性が増えたため、保育所を利用する子どもが増えています。とくに若者が集中している首都圏では保育所が不足し、保育所整備を進めています。一方、地方では子どもの数が減り、保育所、幼稚園の統廃合が進み、子育てがしにくくなっています。若者が首都圏に集中しているためそのような現象が生じていますが、それを後追いする施策を展開し続ける限り、首都圏への若者集中は止まりません。首都圏で待機児童対策に使う税金と同じぐらい、子どもが減っても子育て環境を維持するために地方で税金を使うべきです。首都圏と地方の地域間格差を拡大するような施策を展開するのではなく、自治体は協力して地域間格差の是正につながるような政策展開を政府に働きかけるべきです。

　また、保育所運営費の多くは基準財政需要額に含まれています。そ

のため、保育所を統廃合しても自治体が捻出できる財源は限られています。むしろ保育所の統廃合で子育てが不便になり若者の流出に拍車がかかります。保育士の減少とともに、地域での消費が減り、地域経済に悪影響を与えます。このようなマイナス面を自治体はきちんと認識すべきです。

3 地域のまとまりをどのようにして創り出すのか

地域の経済循環

　グローバリゼーションは地域を否定しますが、地域経済の持続的な発展を考えますと、地域での経済循環をどう創りだしていくかが重要です。閉鎖的な地域経済を創れと言っているのではありません。地域経済がグローバル経済に飲み込まれますと、国際的な景気の変動で地域経済が大きく左右されます。グローバル経済に関わらないことは不可能ですが、グローバル経済に大きく左右されない、自立した地域経済を目指すべきです。そのために重視すべき点は以下の通りです。

　　①行政による地域経済の状況把握
　　②行政、事業者等による検討会議の設置
　　③地域資源の再評価と活用
　　④地域における雇用の確保とマッチング
　　⑤事業の承継と起業の支援
　　⑥教育機関との連携

　大型開発に依拠した地域経済対策が目立ちます。その典型はカジノでしょう。カジノ利用者の7割は日本人と想定されています。カジノは海外資本のため、カジノによって奪われた地域消費のかなりの部分が海外に流出し、地域経済は確実に冷え込みます。海外の富裕層がカジノ以外にお金を落とすとしていますが、富裕層がお金を落とすとこ

ろは限られています。カジノ誘致にはインフラ投資などが必要で、その財源確保のために市民向け予算が削られます。カジノで雇用が生まれると言いますが、雇用は医療・福祉・教育で生み出せばいいのであって、カジノで生み出す必要は全くありません。その上、ギャンブル依存症が増え、行政がその対応に追われるのは目に見えています。これほどばかげた経済対策はないでしょう。

生活を支える日常生活圏を整備する

　政府が進める地域の再編によって、人々が暮らす地域が大きく変わりだしています。とくに公共施設の統廃合によって人々の日常生活を支える地域が崩壊しだしています。この点は4章で改めて見ますので、簡単に触れておきます。インターネットが広がっても、人々が日常生活で移動する範囲は限定されています。まちづくりではこのような範囲を日常生活圏と呼び、通常は一小学校区で考えます。日常的に利用する医療・福祉施設、保育所や幼稚園などの子育て支援施設、気軽に利用する公園やスポーツ・文化施設、コミュニティ施設・社会教育施設などが、日常生活圏に整っている地域は暮らしやすい地域です。逆にそれらの施設が不足している地域は暮らしにくい地域です。各種の施設整備はこの日常生活圏を基本に進めるべきです。

　また日常生活圏は施設だけではありません。コミュニティの基本単位で連合自治会や婦人会、老人会が組織されています。避難訓練、地域防犯活動などもこのコミュニティ単位で取り組むのが基本です。このような基本単位でコミュニティ組織の活発化を図るべきです。新自由主義の中で人々が地域から切り離され、ばらばらになっていますが、その共同の単位を日常生活圏に置き、さまざまな施策を展開すべきです。

4　行政責任を明らかにする

財源と質の保障は行政の責任

　人々はさまざまな公共的サービスを利用することで生きています。行政が提供する場合もありますが、多くは民間が提供しています。医療、高齢者介護、障害者福祉、子育て支援、公共交通などです。それらのサービスは生きていく上で不可欠であり、また一定の質が保証されなければなりません。そのため行政が経費の一部を補填したり、質に関して一定の基準を定めてたりしています。

　ところが経費削減の一環で、民間事業者に対する委託費などを引き下げる自治体が増えています。このような事業費の大半は人件費であり、委託費が下がると事業者は人件費削減を進めるのが一般的です。これらのサービスには専門性が求められますが、人件費を下げますと専門性の高い人を雇用するのが難しくなり、また職員の定着率も下がります。その結果、サービスの低下が起こり、弊害は利用者である市民に及びます。

　利用者の急増などが生じている分野では、質に関する基準を引き下げることで事業者の参入を促している自治体があります。また、基準を下げることで多くの市民が利用できるようにしている自治体もあります。しかしこれらのサービスは命に関わる分野であり、基準の引き下げはよほどのことがない限り、行うべきではありません。だいたい施設が足りないから基準を下げて、たくさんの利用者を詰め込むというのは、先進国の発想ではありません。

自治体の供給責任をどう考えるべきか

　市民共同自治体は保守と革新の共同で成り立っている自治体です。

そのような自治体がいくつか誕生していますが、政策を巡って保守と革新で議論になるのが、行政の供給責任をどう考えるかです。具体的には公立保育所や公立幼稚園、直営で運営している学童保育、直営で運営している公共交通などを、引き続き直営で運営するのか、もしくは民営化、民間委託などに変えるのかということです。

　市民共同自治体は保守と革新の共同であり、構成員間で考え方に違いがあるのは当然です。このような場合、重要なのは時間をかけて議論することです。新自由主義に傾斜した自治体と市民共同自治体の決定的な違いは、民主的に議論するかどうかです。この点をおろそかにすると市民共同自治体が崩壊しかねません。

　議論したものの、調整できない場合があります。市民共同自治体の市町村長は保守系出身が多く、共産党も共同していますが自主支援という形が多いため、民営化や民間委託に進む場合が多いようです。その場合は、以下の点に留意すべきです。

　①民営化後も質が低下しない保障があるか
　②民営化後も利用者や市民の意見が反映される仕組みが整えられているか
　③民営化後も行政や議会が関われるか
　④職員の雇用継続や給与水準、労働条件が保障されているか
　⑤第三者的な機関が民営化について検証する仕組みがあるか
　⑥民営化による弊害が多ければ直営に戻す保障があるか

5　なぜ市民参加が重要なのか

市民ニーズに応える仕組み

　行政が展開するさまざまな施策に市民ニーズを反映させるのは当然です。ところが市民ニーズから外れた施策がだらだらと続けられるこ

とがあります。民間企業の場合ですと、市民ニーズから外れた商品やサービスを提供していると、売れ行きが落ち、そのような企業は淘汰されます。ところが行政の場合は淘汰されないため、ニーズに鈍感だといわれます。

この考えは正確ではありません。詳しくは4章で見ますが、行政施策に市民ニーズを反映させるためには参加が必要です。参加が保障されていない時、行政施策が市民ニーズからずれます。行政が市民ニーズに合わない施策をだらだらと続けているのは、行政だからではなく、参加の仕組みが十分機能していないからです。

行政は税金で運営されています。当然、納税者のニーズに合った施策を展開すべきですが、そのためには参加の仕組みが不可欠です。

市民の主体形成に不可欠な仕組み

人口が減少する時代、自治体や地域が継続するためには、地域のことをまじめに考え、行動する市民が重要です。どの程度の市民がまちのことを真剣に考えているのか、それによってまちの将来が決まります。最初からまちのことを真剣に考えている市民は少数です。市民がまちに関心をもつのは、さまざまな関わりを通じてです。ところが市民が行政に意見をもってきてもきちんと対応しない場合があります。これではまちに関心をもつ市民を増やすことができません。行政と同じ考えの市民は歓迎するが、そうでない市民は歓迎しない、このような考え方ですと、いつまでたっても地域のことを真剣に考える市民が育ちません。

行政の最大の役割は、市民の成長を支援することです。人が成長するのは実践を通じてです。地域に関心を持つ市民を増やすためには、地域と関わる機会を増やさなければなりません。参加を通じて、地域の主体者として市民は成長できます。

　行政のなかには「俺に任せておけば大丈夫、信頼せよ」という考えがあります。たとえば中小企業振興条例を作っている行政が増えています。ところが自分の市は行政が適切な施策を用意しているから、そのような条例は不要だという市があります。これは間違いです。中小企業振興条例で重要な点がいくつかありますが、その一つは事業者が今後、事業を地域で展開するに当たって、どのような地域環境が望ましいのか、どのような地域施策が必要かを自分たちが中心になって考えるところにあります。このような主体的な関わりを通じて、地域で事業を発展させる経営者になるわけです。ここが欠けると事業が成功したら、別の地域に転出するかもしれません。企業の発展を地域の発展のなかで考えられる経営者の育成が地域にとっても大切なわけで、善政主義では解決できません。

　市民の参加を保障するのは市民ニーズをつかむにとどまらず、主体的にまちに関わる市民を育成するという点で重要です。

参考文献

1　ブラック企業規制条例については、牧野幸雄著「ブラック企業規制条例素案」（大阪自治体問題研究所編『大阪市解体それでいいのですか？』自治体研究社、2015年3月に収録）を参照。

2　地域経済については、岡田知弘著『地域づくりの経済学入門』自治体研究社、2005年8月を参照。

3　カジノについては、カジノ問題を考える大阪ネットワーク編『これでもやるの？　大阪カジノ万博』日本機関紙出版センター、2017年2月を参照。

4章 | 市民の視点から見た国土・地域・コミュニティ再編の方向性

1 市民的な再編を考える視点

　1章で見たように、現在の国土、地域は高度経済成長期に造られたものです。当時は、輸出主導型の大量生産を支えるため、臨海部に大規模な工場を造り、国土を高速道路網、高速鉄道網でつないだ時代でした。また安価な労働力を確保するため、地方から大量の若者を集め、大都市の郊外に住宅地を造成し、都心部には高層の建物を建てました。

　20世紀の終わりから本格的な多国籍企業の時代を迎え、工場は海外に移り出しました。また2008年以降は本格的な人口減少時代が始まっています。そのため多国籍企業や政府は新たな時代にふさわしい国土、地域に再編しようとしています。その内容も1章で見たとおりです。

　その再編が地域や市民にさまざまな問題を投げかけています。そのため、市民的に見た場合、政府が進める国土、地域の再編を止めることが大切です。しかし、今の国土や地域は高度経済成長期に造られたものであり、人口が減少し、かつてのような大量生産が不要となるこれからの時代にふさわしいかというと、そうではありません。また高度経済成長期は自然災害のことをあまり考えず市街地の拡張を行ったため、災害に脆弱な地域がたくさんできています。

　市民的に見た場合、政府が進める再編を止めると同時に、以下のような視点での再編が必要です。

　①グローバリゼーションがもたらす弊害から地域と市民を守る。

②人口減少が生じても生活の質を落とさず、今より豊かな生活ができるような地域を創る。

③人口減少に歯止めをかけるような国土と地域に創り直す。

④高度経済成長期に生じ、今なお解決できていない諸問題の解決を図る。

2 国土のあり方、最大のポイントは東京一極集中政策の転換

東京一極集中の現状 [解説⑩]

　高度経済成長期は太平洋ベルト地帯への集中が問題になっていましたが、1980 年代のバブル経済以降、東京一極集中が社会問題となりました。人口、政治、経済、文化などあらゆるものが東京を中心とした首都圏に集中しだしたからです。1987 年に策定された第 4 次国土総合開発計画では、それまでの国土計画で掲げられていた三大都市圏 vs 地方を、首都圏 vs それ以外に変えています。

　バブル経済の時期に東京の地価が暴騰し、首都機能移転が議論され、1992 年には「国会等の移転に関する法律」が制定されました。また、中央省庁に集中している権限、財源を自治体に分散させるため 2000 年には「地方分権一括法」が制定されました。

　そのような取り組みをしてきましたが、東京一極集中は止まりません。**図 4-1** を見ますと、首都圏の人口割合は 2015 年で 28.4% にまで増えています。集中しているのは人口だけではありません。上場企業の 51.2% が東京都に本社を置き、大学生の 40.6% は首都圏の大学に通学しています。

地方創生による東京一極集中の是正はほぼ失敗

　それに対して、アベノミクスの一環で地方創生が始まりました。地方創生では「まち・ひと・しごと創生総合戦略」を2014年12月に策定しました。そこでは東京一極集中を解決するための目標が定められています。首都圏と地方圏の転出入を見ますと、年間で約10万人の転入超過です。これを解決するため以下の目標を定めました。ポイントは地方に若者の安定した雇用を作り出すことです。数値的には、2016年度に2万人、2017年度に4万人、2018年度に6万人、2019年度に8万人、2020年度に10万人、それ以降は毎年10万人の新たな雇用を地方で作り出すとしています。そして、首都圏への転入者を減少させ、首都圏から地方への転出者を増加させることで、2020年には首都圏と地方圏の転出入の均衡を図るとしました。

　さて、実際の変化がどうなっているかを見ましょう。地方創生が決定される前年（2013年）の首都圏への転入超過は9万6524人、地方創生が決定された2014年は11万6048人でした。そして翌2015年は12万7623人、実際に目標が動き出した2016年は12万5282人、2017年は12万5530人です。首都圏への転入超過は2014年から2017年の3年間でむしろ1万人程度増えています。目標通り進んでおれば、2016年、2017年で2万人ずつ転入超過が減り、2017年で転入超過が7万人程度になっているはずでした。

　2020年に首都圏への転入超過をゼロにするためには、2018年から転入超過を毎年4万人ずつ減らさなければなりません。2020年に東京オリンピックが開催され、それに向けてさまざまな開発が進んでいる現状を見ますと、2020年に転入超過をゼロにするという目標はほぼ破綻したと言っていいでしょう。

解説 10　統計で見る東京一極集中の状況

①人口の集中度

　首都圏、大阪圏、名古屋圏の長期的な人口集中度を見たのが図 4 - 1 です。戦後すぐの時点では首都圏の人口割合は 13％ でしたが、その後は一貫して増え続け、2015 年時点では 28.4％ になっています。大阪圏は 1975 年をピークに微減傾向にあり、名古屋圏は減少していませんがほとんど変化していません。それに対して首都圏だけが増え続けています。今のペースで増え続けますと 2030 年には 30％ を越えそうです。

　首都圏にどのような年齢層の人が転入しているかを見たのが図 4 - 2 です。2017 年、首都圏は 12 万 5530 人の転入超過ですが、その 57.5％ を 20 歳〜24 歳が占め、15 歳〜29 歳ですと実に 96.2％ を占めています。50 代後半から 60 代は転出超過で、それ以外の年齢層は転出入がほぼ均衡しています。結局、首都圏に集まっているのは 20 代の若者だということがわかります。

②経済の集中度

　若者が首都圏に集中する大きな理由は、経済活動が首都圏に集中しているからです。東京都への経済的な集中度を見たのが図 4 - 3 です。東京都の人口は全国の 10.8％ ですが、上場企業数は 51.2％、上場企業の時価総額は 64.6％ です。グローバリゼーションが進んでいますが、外資系企業の 67.4％ は東京都に立地しています。また IT 産業が経済の重要な部分を占めていますが、情報通信産業の付加価値額の 75.8％ は東京都

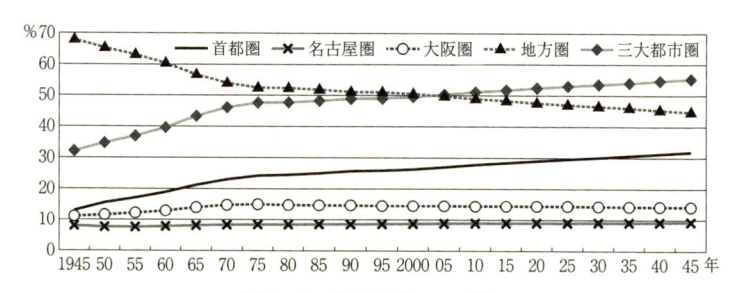

図 4 - 1　地域別人口の割合

注：1945 年〜2015 年は実績、2020 年〜2045 年は推計。首都圏：埼玉県、千葉県、東京都、神奈川県／名古屋圏：岐阜県、愛知県、三重県／大阪圏：京都府、大阪府、兵庫県、奈良県／地方圏：三大都市圏（首都圏、名古屋圏、大阪圏）以外の地域

出所：1945 年〜2015 年までは総務省統計局「日本統計年鑑（平成 30 年）」、2020 年〜2045 年は国立社会保障・人口問題研究所「日本の地域別将来人口予測（平成 30 年推計）」より筆者作成。

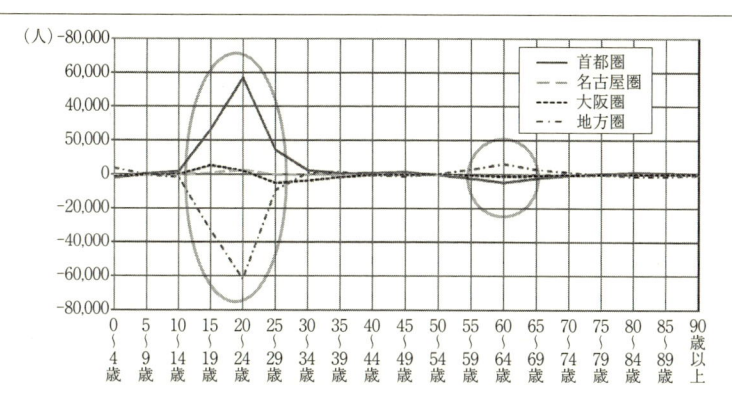

図4-2　年齢別転入超過数の状況（2017年）

注：地域区分は図4-1と同じ。
出所：総務省統計局「住民基本台帳人口移動報告」より筆者作成。

です。さまざまな経済指標を見ても東京都への集中度はきわめて大きくなっています。

③大学の集中度

　若者が首都圏に集中するもう一つの理由は大学です。大学進学で首都圏に転入し、そのまま首都圏に就職しています。その大学等の集中度を見たのが図4-4です。首都圏にある大学数は全国の28.5％、学生数は40.6％です。大学生の10人に4人は首都圏の大学に通っていることになります。

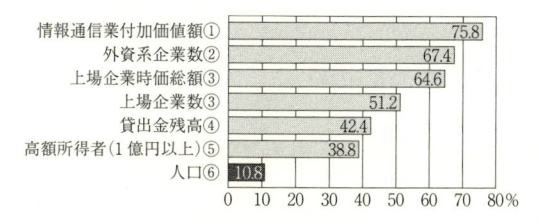

図4-3　東京都の経済活動（全国に対する割合）

出所：以下の資料より筆者作成。
　　　①総務省「情報通信業基礎調査」（2017年3月時点）、②経済産業省外資系企業動向調査（2017年3月時点）、③東洋経済ONLINE 2016年10月9日（2016年10月時点）、④日本銀行調査統計局「預金・貸出関連統計」（2018年3月時点）、⑤国税庁統計年報（2016年度）、⑥総務省統計局人口推計（2017年10月時点）

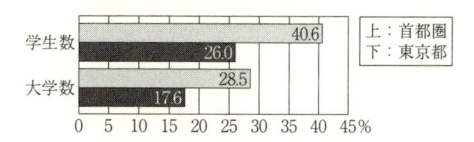

図4-4　首都圏の大学数など（全国に対する割合）

出所：文部科学省「学校教員統計調査」（2016年10月時点）より筆者作成。

他の先進国でも一極集中が進んでいるのか

　1987年の第4次全国総合開発計画以降、東京一極集中の是正を掲げ
ていますが、その後も集中は進んでいます。そのような事態に対して、
グローバリゼーションの時代では、国際的な都市にさまざまなものが
集中するのは時代の流れであって、やむを得ない。むしろそのような
流れを促進させないと国際競争に勝てないという意見があります。は
たしてそのような考えは正しいのでしょうか。

　図4-5は先進国の首都もしくはそれに準じる都市の人口集中度とそ
の変化を見たものです。一番上の実線は東京で、戦後ただひたすら首
都圏への人口集中度を高めています。それ以外のロンドン、ニューヨ
ーク、ベルリンなどの集中度はほとんど変わっていません。戦後すぐ
の東京は、ロンドン、パリより低かったのですが、今では両都市の二
倍ほどの集中度になっています。それに対して上から三番目のロンド
ン、四番目のニューヨークは集中度を少し下げています。また、ヨー

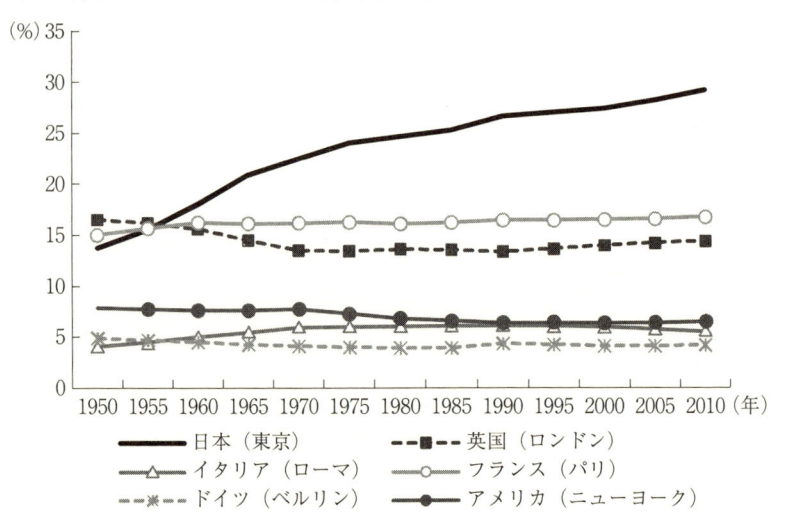

図4-5　国際都市の人口集中度

出所：国土交通省「国土のグランドデザイン2050参考資料」2014年7月。

ロッパで最も元気な都市の一つであるベルリンの集中度は 5% 程度です。

　日本にいますと国際化＝国際都市への集中というイメージですが、他の先進国ではそのようなことが起こっていません。たとえばアメリカで IT 企業が集中しているのはシリコンバレーで、ニューヨークではありません。ドイツで今、人口が一番増えているのは南部のミュンヘンで、ベルリンではありませんし、ドイツの金融センターはフランクフルトです。ドイツ経済は好調ですが、すべてのものがベルリンに集中しているわけではありません。もちろん集中していないからといって、ニューヨークやロンドン、ベルリンの国際化が東京より劣っているとは思えません。

なぜ東京一極集中が進むのか　　　　　　　　　　　　　[解説⑪]

　東京への集中は先進国ではむしろ例外的な現象です。国際化＝首都圏への人口集中ではありません。東京一極集中の是正などを掲げていますが、実際は東京への一極集中を政策的に進めていると考えるべきでしょう。国家戦略特区などを活用した大幅な規制緩和、首都圏でのインフラの集中的な整備などです。

　では、なぜ首都圏への一極集中を進めているのでしょうか。それは全国的に人口が減少する中で、財政面から見て効率的な国土を造るためです。国土に広く分散して暮らすよりも、首都圏や大都市に集中させた方が、効率的な地域運営ができます。そうすることで限られた財源を国際競争力強化に使えます。これは行政の財政効率だけではありません。大量にものを売る大手企業にとっては消費者が集中している方が効率的です。

　また人口が集中することで、新たな需要と投資が発生します。その典型は大型建設投資です。人口が減少する時代、ふつうに考えますと、

解説 11　国家戦略特区の概要

①構造改革特区

　「特区」という名前で規制緩和を行いだしたのは小泉構造改革からです。2002 年に「構造改革特別区域法」が制定され、構造改革特区が動き出しました。これは「実情に合わなくなった国の規制が、民間企業の経済活動や地方公共団体の事業を妨げていることがあ」るとし、地域を限定して規制緩和を進め、地域経済の活性化を図ることが目的です。最初は「特区」の範囲で規制緩和を実施しますが（特例措置）、その結果を評価し、規制緩和で弊害が生じていないと判断すれば、全国レベルで規制を緩和します（全国展開）。

　構造改革特区は、自治体や民間事業者が政府に特例措置を提案することでスタートします。そのため、地域に役立つ措置もありますが、その規制緩和が国民、市民から見て望ましいのかどうかと疑問に感じる措置もあります。構造改革特区の認定は 2003 年から始まり、2018 年 8 月までに 1315 件認定されています。内容的には福祉（サテライト型特別養護老人ホームの設置など）、観光（農家民宿に関する規制緩和など）、教育（3 歳未満児の幼稚園入園など）、農業・地場産業（市民農園開設者の範囲拡大など）が多くなっています。

②総合特区

　民主党政権下の 2011 年 6 月に「総合特別区域法」が制定されました。総合特区は二種類あります。一つは「国際戦略総合特区」で、「我が国の経済成長のエンジンとなる産業・機能の集積拠点」を形成する特区です。もう一つは「地域活性化総合特区」で「地域資源を最大限活用した地域活性化の取り組みによる地域力の向上」を目指す特区です。構造改革特区と異なる点は、規制緩和以外に税制、財政、金融等の支援措置も用意されていること、特定の規制緩和を求めるのではなく実際の事業を展開することです。現在までに、国家戦略総合特区は 7 か所、地域活性化総合特区は 41 か所指定されていますが、自公政権に戻り、国家戦略特区が創設されたため、2014 年を最後に新たな指定は行われていません。

③国家戦略特区

　2013 年 12 月、アベノミクスの一環として「国家戦略特別区域法」が制定されました。この目的は、「産業の国際競争力強化及び国際的な経済活動の拠点の形成」です。従来の特区と大きく異なるのは以下の点です。一つめは、自治体から提案するのではなく、政府主導で進めることです。二つめは、特区の指定が地方重点から首都圏重点に変わっていることです。国家戦略特区として全国に 11 区域、296 事業を認定して

いますが、首都圏で 101 事業、大阪圏と名古屋圏を加えると 161 事業になり、三大都市圏で過半数を超えています。三つめは、構造改革特区、総合特区とは異なり開発に関する大規模な規制緩和が中心になっていることです。規制緩和の内容は、都市開発、医療、保育、農業など多岐にわたりますが、容積率の緩和など大規模な開発に関する規制緩和は東京都内のみで認定されています。2018 年 6 月時点で認定された事業は 27、内閣府が認定を予定しているのは 34 事業です（表 4 - 1）。東京都の試算ではこれら 34 事業で 14 兆円の経済効果があるとしています。開発で最も重要なのは容積率です。容積率が大きければ大きいほど、大規模なビルが建てられます。建築基準法上、定めることができる容積率の最大は 1300% です。ところが国家戦略特区では、最高が 1990% になっています。また特区に認定される前の容積率と比べますと約 2 倍になっており、通常では考えられない規制緩和です。

表 4 - 1　東京都市再生特別地区の事業概要
（認定された 27 事業のうち概要がわかる 20 事業の一覧）

地　区	主な事業主体	面　積 （ha）	容積率 （%）	指　定 容積率	高　さ （m）	竣　工 予定年
大手町一丁目	三井不動産、三井物産	2.8	1450	1300	200（41）	2021
大手町 D - 1	三菱地所	3.5	1760	1300	390（61）	2027
日本橋兜町	平和不動産	0.6	1000	700	90（15）	2020
八重洲一丁目 6	東京建物	1.4	1760	900	250（54）	2024
八重洲二丁目 1	三井不動産	1.7	1820	900	245（45）	2021
八重洲二丁目中	三井不動産、鹿島建設	2.2	1670	800	240（46）	2023
虎ノ門一、二丁目	森ビル、UR 都市機構	2.4	1990	700	265（49）	2022
虎ノ門一丁目	森ビル、野村不動産	2.2	1450	800	185（36）	2020
虎ノ門四丁目	森トラスト	1.8	1000	500	180（36）	2018
愛宕	森ビル	0.7	1200	700	220（56）	2019
虎ノ門・麻布台	森ビル	8.1	1500	600	330（65）	2022
竹芝	東急不動産、鹿島建設	2.4	1290	400	210（39）	2019
芝浦一丁目	野村不動産、JR 東日本	4.7	1120	400	235（47）	2029
三田三、四丁目	住友不動産	4.0	890	600	215（42）	2023
臨海副都心有明	住友不動産	16.6	320	300	120（33）	2016
日本橋一丁目中	三井不動産、野村不動産	3.9	1950	800	287（51）	2025
浜松町二丁目	鹿島建設、JR 東日本	3.2	1120		200	
歌舞伎町一丁目	東京急行	0.6	1500	900	225（40）	2022
南池袋二丁目 C	住友不動産、野村不動産	1.7	800	600	190（51）	2024
赤坂二丁目	森トラスト	2.0	1150	700	210（43）	2024

容積率：容積率の最高限度（複数の街区、複数の敷地があり、値が異なる場合は最も大きな値を記載）
指定容積率：国家戦略特区に認定される前の指定容積率（複数の値がある場合は同上）
高さ：高さの最高限度（複数の値がある場合は同上）、（　）内の数値は計画されている建物の階数
出所：内閣府「東京都都市再生プロジェクトについて」2018 年 8 月及び内閣府ウェブサイトなどより筆者作成

大規模な開発は不要です。ところが東京一極集中が続くと大規模な建設投資が必要になります。人口が減少しているにもかかわらず、大型建設投資の需要を生み出すために東京への一極集中を進めていると考えるべきでしょう。

　人口減少に対応して人口集中を進め、経済的、財政的に効率的な国土を造ると同時に、そのことによって新たな需要を造り出すことが、人口が減少しているにもかかわらず東京一極集中を政策的に進める理由です。かつては安い労働力として地方から多くの若者が都市部に移動させられましたが、現在では多国籍企業や政府にとっての非効率を減らすためと、建設投資を中心とした新たな需要を生み出すために移動させられています。

東京一極集中の是正がなぜ重要なのか

　全体として人口が減少する時代に東京一極集中を進めますと地方では大幅な人口減少が生じ、地域の存亡が危うくなります。多国籍企業から見ると地方の存在はムダかもしれませんが、国民から見ると地域の多様性、独自性が大切で、それが日本の歴史と文化を支えてきた強みです。国際競争が進む中で、日本の強みを生かすためにも地方を維持、発展させるべきです。

　少子化対策、高齢者対策、防災などを地域できめ細かく進めるためにはコミュニティの強化が不可欠です。市民がコミュニティ活動を積極的に取り組むためには、地域に対する愛着が必要です。全国的に人口が減るから集まって暮らせというように、住み慣れた地域から実質的に引きはがされた人々に、地域に愛着を持てといっても無理です。人々の地域力、コミュニティ力を高めるためにも住み慣れた地域で暮らし続けられるようにしなければなりません。

　国民的に見ると東京に人口を集めることで生み出す建設投資は社会

的なムダです。消費者を集中させた方が効率的なのは大手企業であって、地元に密着した中小企業から見ると、地元の存続の方がはるかに重要です。人口が全体で減るにもかかわらず、東京一極集中を進めているため、東京では新たな行政需要が発生しています。これも国民的に見るとムダです。

　また東京一極集中は東京にもさまざまな問題をもたらします。若者の集中で保育所が不足していますが、そのために次々と規制を緩和し入所定員を増やしています。その結果、園庭のない保育所、高架下にある保育所など、およそ先進国では考えられないような事態が出現しています。

　人口減少はマイナス面だけではありません。人口密度が高い地域にとっては、人口減少がもたらすゆとりを、都市環境の改善、生活環境の改善にあてることができます。たとえば東京の公園面積は、先進国の大都市では極めて少なくなっていますが、人口減少によって生み出された土地を公園用地に変えることができます。

　東京は出生率が全国で最低です。2016 年の出生率を見ますと、全国は 1.44 ですが、東京都は 1.24 で全国最低です。2015 年は 1.24、2014 年は 1.15 で、常に全国最下位です。保育所の状況、通勤・住宅事情など、さまざまな要因で東京は子育てしにくい都市になっています。つまり、東京一極集中が続く限り、少子化対策は失敗すると言えます。

地方再生の鍵は東京一極集中政策を転換させること

　東京に雇用が生まれるのは、人の集中が新たな投資を誘発し、それがさらなる集中につながり、雇用を次々と生み出しているからです。ただ、人口が全体的に減少しているため、この循環を維持、促進させるため、行政投資の集中、国家戦略特区を活用した大幅な規制緩和が行われています。そのような東京一極集中政策を一方で進めつつ、わ

ずかな補助金を地方の自治体に渡し、創意工夫して自己責任で地方に雇用を作れといっても無理な話です。

　このような東京一極集中政策に対して、自治体が共同してそのような政策を撤回するように国に働きかけるべきです。そして国家戦略特区などの規制緩和をやめ、行政投資の重点を地方に振り替え、民間投資を地方に誘導し、地方を重点とした循環を作り出すべきです。そのような大きな循環形成を政府主導で進めつつ、各自治体が創意工夫して地域での経済循環を作り出すべきです。

　他の先進国と比べて日本は食糧の自給率が異常に低くなっています。農林漁業などの第一次産業、それに関連する食品加工業、観光業などを発展させるべきです。また原発や化石燃料に頼るのでなく、再生可能エネルギーにシフトすべきです。日本は地熱発電のポテンシャルが世界３位であり、それ以外に太陽光、風力、小水力、バイオマスなど、自給可能な資源が多数存在しています。エネルギーと食料は国にとって最も重要な資源であり、自給率を高め、そこで雇用を確保すべきです。このような雇用は地方で多く発生するものであり、政策の重点にすべきです。また、豊かな生活を送るためには観光が大切です。日本人がさまざまなことを学ぶために地方を観光地として発展させるべきです。

　もう一つ重要なのは医療・福祉・教育です。今後も高齢化が進みますが、高齢者介護や医療の分野で安定した雇用を生み出すべきです。格差が拡大していますが、特に問題なのは３章で見た貧困の連鎖です。貧困の連鎖を断ち切るために重要なのは子どもの教育です。すべての子どもがしっかりとした基礎学力をつけることができるように公教育の充実を図るべきです。特に地方での子育て環境、教育環境を充実させ、地方で高等教育まで安心して受けられるようにすべきです。

　第一次産業、再生可能エネルギー、医療・福祉・教育で安定した雇

用が作られれば、地方で若者の就労先が拡大します。若者が地方で暮らし、子育てをするようになれば、消費も拡大し、第三次産業での雇用拡大も期待できます。地域経済の活性化と雇用拡大の好循環を作り出すために、まず最初に、政府が思い切った地方での予算措置と東京一極集中の是正に踏み切るべきです。

3　コンパクトではなく生活環境の改善を進めるべき

コンパクト化の問題点

　都市部、農村部を問わず、人口減少に対応した再編のキーワードはコンパクトです。しかしコンパクト化は慎重に考えるべきです。その一つめの理由は、コンパクト化の前提がおかしいからです。自治体は将来人口予測を行い、それに基づいてコンパクト化を進めようとしています。しかしその将来人口予測は、現在の東京一極集中を前提にしたものであり、そもそもその前提がおかしいといえます。東京一極集中を是正するのであれば、地方で大きな人口減少を前提にする必要がなくなり、コンパクト化の前提が大きく変わります。将来的には、農山漁村の人口はできるだけ維持し、地方都市の人口減少率はできるだけ少なくし、人口減少の大部分は大都市、首都圏で引き受けるべきです。そうすればコンパクト化の前提が消滅します。

　逆に東京一極集中を前提にしますと、際限のないコンパクト化につながります。先に述べたように東京一極集中が進む限り少子化は止まりません。そうすると地方での人口減少も止まらず、いつまでコンパクト化を進めたらいいのか、全く先が見えません。削減型自治体と同じで、展望の見えないコンパクト化になってしまいます。

　二つめは周辺地域の衰退を進めるからです。人口減少に伴って市街地を計画的に縮小させるといいますが、計画的に縮小させる方法は用

意されていません。現状では縮小させる地域を指定しても、新たな開発を規制できるだけで、縮小はできません。縮小するためには、公共施設を廃止したりインフラ整備をやめたりすることと、その地域に住んでいる人を転居させることが必要です。今のところ縮小を具体化している自治体はないため混乱が生じていませんが、もしこのような縮小を強引に進め出すと、その地域に住めなくなり、大混乱が生じます。

　ただし、実際はコンパクトと言いながら進めていることは後で見る中心部の開発です。計画的な縮小でもたらされるのではなく、限られた予算を中心部重点で使い出すことで、結果的に周辺部の衰退を招きます。この場合、郊外から中心部へ転居は自己責任になるため、転居できない人は郊外に残されます。このような縮小は無計画な縮小であり、計画的な縮小以上に大きな問題をもたらします。現状では、この無計画な縮小が進みそうです。

　三つめは中心部に集約させることで、中心部が抱える問題の解決を遅らせるからです。先に書いたように自治体が進めているコンパクト化は中心部の開発です。その結果、中心部に人が集まり、全体として人口が減っているにもかかわらず、中心部では行政サービスが不足するという事態が生じています。また、一般的に中心部の人口密度は高く、公園などの自然的な空間が少なくなっています。ところがコンパクト化の中で、さらに人口が集中し、中心部に存在する諸問題がさらに悪化しています。

　もちろん高度経済成長期に拡散したすべての市街地を維持しろと言っているのではありません。状況によっては自然に戻した方が望ましい地域もありますが例外です。人口減少をコンパクト化につなげるのではなく、高度経済成長期に引き起こされた都市問題解決の空間条件として生かすべきです。その具体的な内容を以下で見ます。

不足している公共空間の充実につなげる　　　　　　［解説⑫］

　人口減少は空間的な余裕につながります。人口減少によって生み出された空間を、まず公共空間の充実に当てるべきです。ヨーロッパに比べて極端に小さい公園の拡充、未だ整備されていない歩道の整備、公共施設の充実などです。

　子どもが全体として減っているにもかかわらず、中心部の規制緩和を進めた結果、中心部に若者が集中し、保育所が不足しています。そこで子どもを詰め込むため保育所の基準を緩和し、園庭のない保育所が出現していますが、政策の貧困以外、何物でもありません。空間的余裕を生かして戦後、改善されていない保育所の最低基準引き上げにつなげるべきです。

　小中学校も同様です。子どもが減るのであれば、まず少人数学級を実施し、その上で学校施設の改善を考えるべきです。後でも述べますが、安易な統廃合は子どもにとってマイナスだけでなく、コミュニティを破壊し、統廃合が地域を衰退させます。

　人口減少とともに空き家が増えています。空き家を住宅問題解決につなげると同時に、不足する高齢者施設、障害者施設、子育て支援施設、コミュニティ施設などに転用すべきです。

防災対策の強化につなげる

　防災的に脆弱な地域については抜本的な改善を進めるべきです。人口が急増した高度経済成長期、土砂災害や河川氾濫の危険性などをほとんど考慮せず、宅地開発を進めました。またため池などを埋め立て宅地に転用したり、盛り土して宅地造成したところも少なくありません。このような被災する危険性の高い地域に多くの市民が住んでいます。被災する危険性が低い地域で空き家が発生すれば、そのような地域への転居を促すべきでしょう。人口減少によって生み出される空間

解説 12　空き家対策の状況と課題

①空き家の状況

　法律的には 1 年以上居住実態のない建物を空き家と呼んでいますが、2013 年時点の空き家率は 13.5％ です（「平成 25 年住宅・土地統計調査」。この調査は 5 年ごとに行われます）。1993 年の空き家率は 9.8％ なので、20 年間で 3.7％ 増えています。社人研の予測によりますと、2019 年に世帯数がピークを迎えるため、このままですと今後は空き家率が急増します。野村総合研究所は 2033 年には空き家率が 30.2％ になると予測しています。20 年間で 16.7％ 増です。

②空家対策特別措置法の概要

　空き家の増加は、防犯、防災、衛生、景観さらには需給関係の崩れによる家賃、地価の低下など、さまざまな問題を引き起こします。このような点を踏まえ、政府は 2014 年 11 月に「空家等対策の推進に関する特別措置法」（以下、特別措置法といいます）を公布しました。この法律のポイントは老朽危険家屋（法律では特定空家といいます）の対策を市町村が進めやすくした点にあります。具体的には市町村が特定空家を指定し、その所有者に対して、除去、修繕、立木の伐採等の措置の助言・指導、勧告、命令し、それでも解決しなかったときは行政代執行法に基づき、市町村が特定空家の除去などを行えるようにしました。特定空家の判定については、すでに政府が「ガイドライン」を策定しており、市町村はそれを参考にして市町村ごとに判定の基準を作成しています。

　2017 年 10 月時点で特別措置法に基づき空家等対策計画を策定した市町村は 447 です。また行政代執行を行った市町村は 51、措置件数は 60 件です。

③老朽危険家屋対策の課題

　老朽危険家屋の対策は重要で、特別措置法で一定の成果が上がっています。ただし、以下のような問題もすでに明らかになっています。一つめは、市町村の負担が大きいことです。不動産登記が変更されず、所有者が特定できない空き家が増えています。そのような空き家に対して市町村が特別措置法に基づく措置を実施する場合、所有者を特定しなければなりません。しかしこの作業は大変で、市町村に大きな負担が発生しています。また市町村が代執行してもその経費が回収できない場合がありますし、略式代執行（所有者が特定できない特定空家）の場合は、経費の回収が困難です。

　二つめは、特別措置法では対応困難な事例があります。たとえば、使う予定がなく、市場で流通しにくい空き家を相続した場合、たとえ相続放棄しても、管理人が決まるまでは相続人が空き家の管理に責任を持たなければなりません。行政に寄付を希望す

る人が増えていますが、行政も簡単には受けられません。今後このような例が増えると思われますが、現状の法制度では解決が困難です。また、老朽危険家屋であっても、空き家でなければ特別措置法の対象にはなりません。実際には居住実態のある老朽危険家屋も存在します。それらについては居住権との関係もあり、別の対応が必要です。

　三つめは、集合住宅が特定空家から実質的に外れていることです。この法律は代執行まで視野に入れた法律です。そのため、一軒でも居住者がいれば集合住宅は特定空家に該当しません。現在、多くの老朽危険家屋は一戸建てですが、集合住宅で老朽危険家屋（住戸）が顕著になってきた場合、一戸建てとは違った対策が必要になります。

④空き家対策の課題

　特別措置法は老朽危険家屋の対策に焦点があり、重要ですが対症療法です。市町村が策定した空家等対策計画は、特定空家の対策が中心ですが、空き家の発生予防、空き家の適切な管理、売買・賃貸の促進なども含まれています。しかし、特定空家対策以外が機能するかどうかはもう少し先にならないと判断できません。むしろ特別措置法に加え、空き家問題の抜本的な解決を展望すべきです。その場合、重要な点は以下の点です。

　人口が減っているにもかかわらず、新築住宅が大量に供給されています。野村総合研究所の予測によりますと 2013 年の総住宅数は 6062 戸、それが 2033 年には 7107 戸まで増えると予測しています。供給する側は売れるから住宅を造るわけですが、その一方で膨大な空き家が生み出されています。この点にメスを入れない限り、空き家問題はますます深刻になります。

　また、日本では住宅政策と都市計画の連携が不十分です。空き家を同列に扱うのではなく、防災的に脆弱な地域の空き家を重点的に撤去の対象とするなど、空き家対策と都市計画との連携が重要です。

　政府は空き家対策を進めるため既存住宅市場の活性化を検討しています。既存住宅の活用を進めることは大切ですが、それを市場に任せますと、空き家を住宅困窮世帯が活用したり、高齢者もしくは障害者用グループホームに転用するのがむずかしくなります。市場任せにせず行政が関与することで空き家を活用した住宅問題の解決を進めるべきです。

　さらに、空き家対策が困難な住宅の増加も看過できません。大都市の中心部ではタワーマンションが増えています。巨大なものでは 500 戸を越えています。維持管理しやすい住宅の計画が進んでいますが、一歩進んで空き家対策のしやすさも考慮すべきです。その点から見ますと 1 棟で 300 戸を超えるような巨大マンションは老朽化しても建て替えや取り壊しはほぼ不可能です。所有者の意向を一致させるのは困難ですし、海外在住の所有者が増えますと意向の確認すら難しくなります。

的余裕を防災対策に位置づけ、その転居については公的資金の投入も含めて考えるべきです。

　日本では活断層が存在していても法律上、建築制限は一切かかりません。アメリカ・カリフォルニア州の活断層法では、活断層の左右15mは建物を建てることができません。日本でも既知の活断層上部にはこのような建築規制が必要です。先に公園が他の先進国と比べ圧倒的に少ないと述べましたが、このような土地を緑地として整備すれば、防災力の強化と自然環境再生の両方に役立ちます。

都市景観の回復

　高度経済成長期以降、多数の集合住宅が建てられました。それらが徐々に更新時期を迎えています。1960年代に建てられたマンションのうち既存不適格になっているものの多くは低層住居専用地域に建っています。中高層住居専用地域に建っているものでも、マンション周辺は戸建て住宅が大半というものもあります。日本は建築規制が緩いため高層建築物を建てやすくなっていますが、今後人口が減るとそのような高層建築物の社会的必要性が低下します。高層マンションで更新するのではなく、周辺の景観と調和するような中低層建築物で更新した方が望ましいでしょう。20世紀は人口が急増したため、景観はほとんど考慮されず、高層建築物を建ててきましたが、人口減少でもたらされるゆとりを活用して、都市景観の創造を進めるべきです。

ドイツとアメリカの事例から何を学ぶか　　　　　　　　　　　[解説⑬]

　人口減少にともなって市街地を縮めるコンパクトシティが検討されていますが、人口減少率が20〜30％程度であれば、以上述べたような対策を優先すべきです。日本でコンパクトシティを考える場合、ドイツとアメリカの取り組みが参考にされています。そこで両国の取り組

みを簡単に触れておきます。

　ドイツは先進国の中では出生率が低く、旧東ドイツ地域では東西ドイツ統合後、人口が大幅に減りました。そこで人口減少に対応し、地域や建物を計画的に縮める政策を始めました。そのような中で始められた減築（人口減少に伴った建物の撤去）が日本でも注目されています。ただし、ドイツで撤去している建物の多くは賃貸の社会住宅であり、分譲された住宅の撤去はほとんど行われていません。また、建物を撤去し、オープンスペースなどを創り出していますが、市街地を縮小するような取り組みは一部で計画されていましたが、実際はほとんど実施されていません。

　21世紀に入ってから旧東ドイツの都市改造にEUの補助金が投入され、都市、住宅レベルでは、旧西ドイツ地域と遜色のないレベルまで改善が進みました。その結果、若者たちの流出が止まりだしています。さらに最近では難民受け入れに伴い、空き家を難民用住宅に転用する自治体が増えています。その結果、旧東ドイツ地域のかなりの自治体が縮小政策を撤回しています。ドイツの縮小政策は市街地の縮小と言うよりも、人口減少で生じた余裕を地域の環境改善に生かしているととらえるべきです。

　アメリカは国全体としては人口が増えていますが、かつて自動車や鉄鋼で栄えた北部の五大湖周辺は人口が大きく減少しています。これらの市街地では住宅を道路沿いに集約するような構想が検討されています。かつて住宅が拡散した市街地は星雲状都市と呼ばれているように、広大な平地部にばらばらと広がった市街地です。日本のように狭い平野や盆地、川沿いに集中している市街地とは全く異なります。しかもこのような集約も構想段階であり、実現できるかどうかは不明です。北部で比較的進んでいるのは放置された空き家の再生、撤去です。再生、撤去の進め方については参考になる点もあり、また撤去後、複

解説 13　ドイツで取り組まれている縮小計画

①建物の減築

　ドイツ統合後、旧東ドイツ地域から若者を中心に旧西ドイツ側に移転が相次ぎました。旧東ドイツ時代、歴史的な旧市街地は放置され、郊外に大規模な住宅団地を造りました。ドイツ統合後、そのような郊外の住宅団地から若者が旧西ドイツ側に転居し、人口減少率の高い地区では 50％ を越えました。そこで 21 世紀に入り、旧市街地の再整備と郊外住宅団地の改善を本格的に進めました。

　郊外住宅団地改善の一つは減築です。減築というのは人口減少に対応して建物を小さくするという考えで増築の反対です。空き家が増えますと防犯的に望ましくありません。また半数の住戸が空き家であってもエレベーターは従来通り動かさなければなりませんし、共用空間の維持費も従来通りかかります。そこで、空き家を上層階などに集め、住み続ける人は下層階に集まり、その上層階を撤去しています。上層階を撤去する方法以外に住棟の右半分を撤去する場合などもあります（写真 4 - 1）。

②住棟の撤去

　減築だけでなく、住棟撤去も行われています。これを実現するためには、残す住棟と撤去する住棟を決め、その地区に住み続ける人は残す住棟に移転してもらいます。旧東ドイツの郊外住宅団地は元々人口密度が高く、オープンスペースも旧西ドイツと比べるとかなり少ない状態でした。そこで住棟を撤去し、公園などのオープンスペースを造り出しています。写真 4 - 2 は複数の住居を撤去して造り出したオープンスペースです。

　このような減築や住棟の撤去は連邦の補助金などで進められます。これらの住棟は行政が所有する賃貸住宅か住宅組合所有の賃貸住宅です。組合にとって資産が減りそうですが、空き家が多いと賃料が下がるため、住宅戸数を減らした方が住宅経営は安定します。ただし、撤去した住棟の大半は行政が所有するもので、組合所有は一部です。また、居住者の移転が伴うため、反対する人もおり、場合によっては裁判にもなっています。

写真 4 - 1　ドイツの減築
元の建物は手前にも続いていたが、手前半分を撤去している。撤去後はクラインガルテン（ドイツの市民農園）として利用。

③市街地の縮小

　減築や建物の撤去だけでなく、住宅地区

そのものの縮小を進める計画もあります。日本で議論されているコンパクトはこれに近いイメージです。図4-6はハレ市が2002年に作成したノインシュタット地区の計画です。1990年は9万4000人の人口でしたが、2002年には4万7000人まで減少しています。この計画では地区を4つ（継続的に残すゾーン、状況を見ながら縮小を進めるゾーン、優先的に縮小を進めるゾーン、緑地）に分

写真4-2　住棟撤去によって造られたオープンスペース

けています。状況を見ながら縮小を進めるゾーンを、緑地などに転用すれば、住宅地区全体の縮小になります。しかし、人口減少が止まったため、この計画は進めていません。他の旧東ドイツ地域でも同じような計画が21世紀の初めには立案されましたが、多くのところでは止まっています。

　複数棟以上を撤去し、ブロック単位でオープンスペースを創り出しているところもあります。ただし撤去した住棟はほぼすべて行政が所有する賃貸住宅です。日本的にいうと、大規模な公営住宅団地で住棟をまとめて撤去し、大規模は公園を造った感じです。

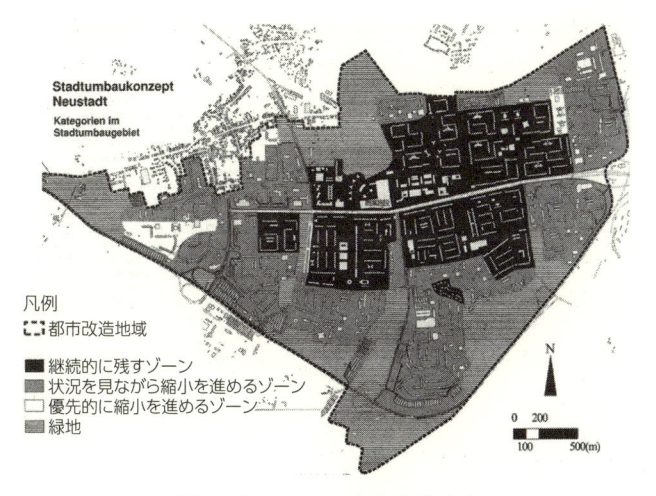

図4-6　ハレ市の都市改造計画

出所：清水陽子、中山徹「ドイツにおける郊外型団地の改造計画に関する事例研究」日本都市計画学会都市計画論文集 No.45-1、2010年4月。

数の空き地をまとめて公園化している例なども参考になりますが、市街地の縮小を事業化しているところはありません。

転居に関する自治体の誤解

　コンパクトを進めようとしている自治体は、周辺部が不便になったら、人々は中心部に転居するだろうと考えています。ただしこれは間違いです。周辺部が不便になると転居する人が増えますが、転居先は当該市町村内の中心部だとは限りません。たとえば、中山間地域では小さな拠点を整備し、将来的には不便になった周辺集落から小さな拠点への転居を想定している自治体が少なくありません。しかし人々は集落に農地があり、お墓があり、お祭りがあり、その集落に住むことが重要です。〇〇村民ということも大切ですが、同時にもしくはそれ以上に□□集落の住民ということが大切です。□□集落が不便になって転居を考えた場合、〇〇村の小さな拠点に転居という選択肢もあります。一方、□□集落から離れるのであれば、いっそうのこと病院や商業施設が整っている××市に転居する、子どもが住んでいる東京に転居するという選択肢もあり得ます。周辺が不便になったら自分の市町村内の中心部に転居するだろうというのは、行政の都合のいい考えです。これは地方都市でも同じです。

　人々が住み慣れた地域と考えるのは、行政区域とは一致しません。むしろ行政区域よりも小さな範囲を意味します。住み慣れた地域から転居する場合、一部は同じ市町村の中心部に住むかもしれませんが、一部の人は別の市町村に転居します。そのため、コンパクト化を進めますと、中山間地域から地方都市、大都市、首都圏へと、便利な地域へ移る人々の流れができてしまいます。

居住環境の改善を進め、人口の安定を目指すべき

　コンパクトの狙いは東京一極集中と同じで二つです。一つは、財政的、経済的に効率的な地域を造ること、もう一つは集中させることで人口が減少しても新たな建設需要などを造り出すことです。しかしこのようなコンパクト化を進めますと、郊外を中心に人口流出が生じ、地域全体が衰退に向かいます。

　人口減少にともなった市街地の再編は重要ですが、それは市街地の縮小、中心部への集中ではありません。人口減少でもたらされたゆとりを、先に述べたような地域問題の解決につなげるべきです。そうすれば人口減少が地域にマイナスにならず、住みやすさの向上、景観の改善、防災力の強化などさまざまな面で地域にとってプラスに働らきます。

　また防災的に脆弱な地域を除き人々が転居する必要はなく、住み慣れた地域で暮らし続けることができます。そうすることで地域への愛着を高め、コミュニティ力の強化につながります。

　暮らし続けられるまちづくりを進めながら、少子化対策を充実させれば、人口減少に歯止めをかけることができ、コンパクト化を議論する必要すらなくなります。

憲法第 22 条との関係

　この節の最後に立地適正化と憲法の関係を書いておきます。憲法第22条には、「何人も、公共の福祉に反しない限り、居住、移転及び職業選択の自由を有する」と書かれています。都市計画では市街化調整区域は原則として開発できません。乱開発を進めることは公共の福祉に反するため、市街化調整区域で新たな開発を行い居住することが制限されています。ただしこの場合は、新たな移転が制限されるだけで、元から市街化調整区域に住んでいた人の居住が制限されるわけではあ

りません。

　今回の立地適正化では、市街化区域内に居住誘導区域を設けます。ということは市街化区域にもかかわらず居住誘導区域から外れる地区が誕生します。この地区は、今までは市街化区域であり住宅立地を積極的に誘導してきた地区であるにもかかわらず、今回の立地適正化では住宅立地を誘導する地区から外れます。今後、行政サービスや行政投資を居住誘導区域中心に進めだした場合、居住誘導区域から外れた地区では、現行居住水準の維持が難しくなります。

　政府は居住誘導区域はあくまでも「誘導」であって、居住誘導区域外からの転居を強制するものではないし、居住誘導区域外に住み続けることは可能であるとしています。しかし、わざわざ居住誘導区域を設ける以上、今後は行政サービスなどを居住誘導区域に集中させ、市民が居住誘導区域に住むように誘導しなければ意味がありません。市街化調整区域の場合は新たな居住を制限したものですが、立地適正化によって行政サービスの提供範囲などを制限しだすと、いま住んでいる人の居住を困難にします。このようなことが憲法上、認められるのかを議論する必要があります。

　また、居住地をコンパクトにすることが公共の福祉といえるかどうかも考える必要があります。この場合、地方での大幅な人口減少が前提になっていますが、これは東京一極集中を肯定するのと一体であり、そもそもの前提がおかしいといえます。そして、20%〜30%程度の人口減少率であれば、市街地を縮めるようなコンパクト化は不要であり、人口減少で生じた空間的ゆとりを地域改善に生かすべきです。そうすれば中心部に集まる必要はなく、地域環境が改善された住み慣れた地域で生活を継続させることができます。このように考えるとコンパクト化が公共の福祉に該当するかは疑問です。

憲法第 29 条との関係

　憲法第 29 条には、「財産権は、これを侵してはならない」と書かれています。今までは市街化区域であったため、住宅を財産として購入していたのに、居住誘導区域から外れたため、財産価値が下落するということが考えられます。住宅地として成立しにくくなり、財産価値がほぼゼロになる場合もありえます。

　第 29 条の 3 では、「私有財産は、正当な補償の下に、これを公共のために用ひることができる」と書かれています。これは都市計画道路の整備などで立ち退きを強制された場合、財産権が侵害されるため、適正な補償をしなければならないということです。コンパクト化を行政が本格的に進めだした場合、財産権の侵害とそれに対する保障をどう考えるかが重要となります。しかし、立地適正化そのものが居住を制限するものではなく、「強制」でもないため、保障はなく、転売、転居も自己負担、自己責任です。このようなことが憲法上、認められるかどうかも議論すべきです。

適切な補償を行い防災対策を本格的に進めるべき

　立地適正化でも、防災的に脆弱な地域は居住誘導区域から外すようにしています。これは適切な考えで、防災的に脆弱な地域に住んでいる市民は、状況によっては安全な地域への移転を進めるべきです。この場合、移転後、その土地を宅地として活用できないため、行政が買い上げ、公園や緑地、遊水池など、公共のために活用すべきです。もちろん状況によっては農業用地などとして転売してもいいでしょう。現状ではハザードマップを示し、居住誘導区域から外して、後は自己責任となっており、あまりにも無責任です。

　現在の世帯数は約 5300 万世帯ですが、先のような考えで、公共施設用地や移転対象になる世帯がおおよそ全世帯の 1 割だとしたら、530

万世帯になります。12ページに書いた政府の長期ビジョンでは、2090年頃になると人口減少が止まり、人口は安定します。70年かけて徐々に530万世帯の補償を進める場合、おおよそ年間8万世帯です。仮に一世帯あたり1000万円補償すると、年間8000億円必要です。防災的な理由の場合は急ぐため、当面は1兆円程度必要かもしれません。これは国家予算の1％であり、荒唐無稽な話ではありません。ちなみに2019年10月から始まる幼児教育無償化にかかる費用は年間約8000億円です。

　防災的に脆弱な地域の解消は急がれますが、立地適正化では進まないでしょう。きちんとした補償と予算措置をとらなければ、毎年のように貴重な命が失われます。

4　集中ではなく日常生活圏の整備を進めるべき

日常生活圏を基本とした公共施設整備

　先に述べたようにコンパクトシティは市街地の縮小と同時に、中心部への公共施設、商業施設などの集中も意味しています。一方、人口減少に伴った公共施設の統廃合が検討されています。その結果、周辺部における公共施設の削減と中心部への公共施設の集中が起こっています。特に統廃合の対象となっている公共施設は保育所、幼稚園、小学校、中学校など子どもに関する施設が多くなっています。そのような施設を子ども数の減少、財政的理由から統廃合することが望ましいのでしょうか。

　日常的に利用する公共施設は日常的な生活の範囲内に整備すべきです。都市計画で日常的な生活の範囲は、小学校区もしくは中学校区を意味し、日常生活圏と呼びます。この日常生活圏に日常生活に必要な公共施設を計画的に整備するのが居住地計画の基本です。日常生活圏

であれば徒歩もしくは自転車で移動できます。この日常生活圏内に子育て施設、高齢者施設、障害者施設、社会教育施設、公園、コミュニティ施設などが整備されている地域は住みやすく、そうでない地域は住みにくいといえます。

　不十分ながらも日本は小学校区を基本とした日常生活圏の整備を進めてきました。今後きめ細かな少子化対策、充実した高齢者対策を進めるためには、不足している公共施設を整備し、日常生活圏内で日常生活が不自由なく送れるようにしなければなりません。にもかかわらず、日常生活圏から公共施設が消滅するという事態が起こり始めています。それは「人口減少→公共施設の統廃合→生活の利便性が低下→人口減少」という悪循環を引き起こします。公共施設は内容と同時に使いやすさ（自宅からのアクセスの良さ）が重要です。

　さらに小学校の統廃合が進んでいますが、小学校区はコミュニティの基礎単位です。長年継続してきたコミュニティの基礎単位を変えることは、コミュニティの崩壊につながりかねず、小学校の統廃合は一番最後の選択肢とすべきです。

公共施設は直営が基本

　公共施設の統廃合とともに指定管理者制度、PFI（Private Finance Initiative）の導入など、行政の直営を改め民営化、民間委託する動きが広がっています。民営化が進む理由は大きく三つあります。一つめはコストの削減です。公共施設でコストが削減されるのは主に人件費の削減によるため、このような削減が妥当かどうかは慎重に検討する必要があります。

　二つめは民間の収益源確保です。人口減少で民間の収益源が減っていますが、指定管理者などで公共部門を開放し新たな収益源を確保しようとしています。民間が収益源とするデメリットを検証した上で導

入の是非を検討すべきです。

　三つめは民間のノウハウ導入です。行政は市民ニーズに鈍感だが、民間は敏感なため、民営化した方が市民ニーズに応えられるといいます。民間が市民ニーズに敏感なのは、市場原理で動くからです。市民ニーズに合致した商品、サービスはよく売れ、企業規模も拡大できます。そうでないものは売れず、そのような商品、サービスを提供している企業は淘汰されます。結果的には市場による競争を通じて市民ニーズが反映されます。市場原理は市民ニーズを反映する一つの方法ですが、この原理が機能するためには、さまざまな商品、サービスから市民が選択できなければなりません。たとえば独占が生じると、選択できなくなり、ニーズに合致してなくてもそれを購入せざるを得なくなります。

　公共施設は日常生活圏との関係で整備すべきであり、その日常生活圏に住む市民は、その日常生活圏内の公共施設を使うことが想定されます。市場における独占に近い状態であり、簡単には他の施設を選択できません。たとえば学童保育に指定管理者制度を導入する自治体が増えていますが、学童保育の場合、一小学校区内に一学童保育が一般的であり、子どもは通学する小学校と同じ校区内の学童保育を利用します。民間企業などが学童保育を運営する場合、独自性を強調します。その独自性が子どもと合わなかった場合、子どもは学童保育をやめるか、我慢するかしか選択肢がありません。行政は５年に一度プロポーザルを行い競争環境を整えていると言いますが、次の事業者に変わるまで待っていたら小学校を卒業してしまいます。公共施設の場合、コンビニエンスストアやレストランのようにニーズに合ったものを選択することが難しいといえます。

　利用者に選択権が保障されない場合、市場原理の導入は無理があります。市場原理以外で利用者のニーズを反映する方法は参加しかあり

ません。参加は利用者が直接、ニーズを運営者に伝える方法です。その典型は行政です。居住地を選択することは可能ですが、特定の市町村に居住すると、その市町村の住民となります。いくつかの市役所の中から納税する市役所を選ぶなどはできません。その代わり、選挙、陳情、請願など、さまざまな方法で市民の意見、ニーズを伝える方法が整えられています。公共施設も同じで、PTA、保育所保護者会、公民館運営協議会、図書館協議会などが設置され、それ以外にもさまざまな形でニーズを伝えることができます。

　公共施設で市民ニーズが反映できていないのは競争原理が働いていないからではなく、参加の原理が十分機能していないからです。この点を改善せずに、市場原理を導入すると、大きな弊害が生じます。参加をきちんと機能させるためには行政の運営が望ましく、公共施設は原則として行政が運営すべきです。

日常生活圏内での移動手段確保

　日常生活圏の整備を考える場合、重要になるのが高齢者の移動手段です。高度経済成長期に整備された移動手段は自動車と大量に輸送する公共交通手段でした。後者は主に郊外と都心部を結んでいます。しかし、高齢化の進展を考えますと日常生活圏内及びその周辺で高齢者が安全移動できる手段を確保しなければなりません。今まで地域での移動手段確保はあまり重視されてきませんでした。当然、高齢者ですから自家用車での移動は難しくなります。日常生活圏内及びその周辺で、医療機関、買い物、コミュニティ施設などに、自分の意思で移動できる手段を整えなければ、住み続けることが難しくなります。外出回数が減りますと、健康的にも望ましくありません。

　団塊の世代が全員、後期高齢者になるのが2025年ですから、あまり時間的な猶予はありません。コミュニティバス、乗り合いタクシー、

その他、さまざまな手段を地域の実情に応じて整備すべきです。行政は財政負担が増えることを気にしますが、トータルに考えるべきです。移動手段の整備で行政の財政負担が増えるかもしれません。しかし、外出機会の保障は高齢者の介護予防につながります。要介護状態の高齢者が少なくなれば、介護保険の公費負担が減ります。また、その地域で暮らし続けられると、人口減少を防ぎ、地域経済にも寄与します。移動手段確保で増える財政負担だけを見るのではなく、それによって軽減される財政負担も考慮すべきです。

　それほど遠くない将来、自動運転技術が普及しそうです。大手自動車会社によりますと2020年代の前半には自動運転車を売り出すようです。高齢者が普通サイズの自動運転車を利用し出すと地域の駐車スペースが不足しますし、そのような必要性もありません。一人乗りもしくは二人乗りで、時速は5〜10km程度、屋根付き電動カートのようなものがふさわしいと思います。問題はそのような自動運転車を利用できるインフラが必要になることです。今でも歩道のない狭い道を、バスや自動車が走り、その横を自転車と歩行者が通っています。ここに電動カートのようなものが走り出すと、かなり混乱しそうです。おそらく今後10年もすれば自動運転車が普及しだすと思われます。それに向けたインフラ整備を早めに検討すべきです。そうしなければ科学技術の成果を市民が活用できません。

5　行政の地域化がコミュニティ再生のポイント

地域における行政責任の縮小

　コミュニティ組織の強化は重要な課題です。しかし現在進められているコミュニティ組織の再編は、行政の役割を低下させ、コミュニティ組織を行政や民間企業を代替、補完できる組織に作り替えるのが目

的です。そこで高齢化が進んでいるコミュニティ組織のみに頼らず、NPO や企業も含めて新たな組織を立ち上げ、財政的にも自立させようとしています。

　これには大きな問題があります。地域に密着した中小企業の経営は厳しく、NPO の担い手も高齢化が進んでいます。高齢化や人口減少が進み、行政や民間企業が担えなくなったものを、なぜコミュニティ組織だけが担えるのでしょうか。当分はコミュニティ組織がさまざまなことを分担できるかもしれませんが、高齢化がさらに進むまでの暫定的な位置づけになるかもしれません。行政や民間が撤退し、コミュニティ組織が地域を維持していた場合、そのコミュニティ組織が機能しなくなったら、地域は一体どうなるのでしょうか。

　本来はコミュニティ組織は財源を気にせず、地域にとって重要な課題に対応すべきです。ところが、財政的な自立を重視すると、地域に存在するさまざまな地域課題を対象にするのではなく、財源が確保できる地域課題を重視するようになります。そうなると重要だけど財源が確保できない地域課題に誰が対応するのでしょうか。

　地域住民が地域運営組織を作り、地域課題に向き合うのは大切です。子育て支援、防災・防犯、高齢者介護・見守り、まちづくりなどさまざまな分野でコミュニティの果たす役割が増しています。この点はその通りですが、問題は地域における行政の役割を低下させることにあります。財政状況が厳しいから、行政が地域で果たしてきた役割を住民組織にゆだねる、行政が直接業務を担当するのではなく、民間に任せる、このような行政責任の後退とコミュニティ組織の再編が同時に進んでおり、ここに大きな問題があります。

行政の地域化を具体化すべき

　コミュニティ組織と行政は地域の諸問題を解決する両輪です。どち

らか一方が欠けるとスムーズに進みません。行政は地域から撤退すると、とりあえずの財政負担は削減できるかもしれませんが、地域諸問題の解決が困難となり、地域に住みにくくなります。そうすると地域から転居する人が増え、税収が減り、財政悪化が進んでしまいます。

　効率的な行政を作るのに必要なのは民営化ではありません。効率的に地域の諸問題を解決するためには、行政の権限をできるだけ地域に移し、行政職員と地域住民が議論しながら、地域諸問題の解決に向かえるようにすべきです。そうすれば市民の望みとかけ離れた施策はなくなり、無駄も省けます。行政が非効率なのは住民と地域から遊離しているからです。民営化ではなく、行政の地域化を進めるべきです。

　地域化のイメージを述べておきます。将来的には日常生活圏に行政の出張所を配置すべきです。そこに高齢者担当職員、子育て支援担当職員、社会教育担当職員、まちづくり・防災・防犯担当職員など数名を配置し、日常生活圏内の住民組織と議論し、公共施設と密接に連携しながら施策を展開すべきです。日常生活圏は、市民生活の基礎単位であり、コミュニティの基礎単位でもあります。

　全国に公立小学校は１万9591か所あります（2018年５月時点）。仮にすべての小学校区に一か所の出張所を設置し、職員を５人配置したら、約10万人の職員が必要となります。2017年４月時点で全自治体職員数は274万人なので、その3.6％です。また教育、警察などを除く一般行政職の職員は91万5727人であり、その10.9％です。

　この間、行政職員は減り続けていますが、2009年の全自治体職員数は286万人で2017年より12万人多くいました。この８年間で削減した自治体職員数を確保できれば、全国の日常生活圏に先ほど述べた規模の出張所が設置できます。出張所を設置すると本庁の業務が減るため、行政職員数を増やす必要はありません。本庁から出張所への配置換えで大丈夫です。

行政とコミュニティが地域を運営する両輪

　きめ細かな地域施策を市民参加で進めるためにはこのような行政の地域化が必要です。行政責任を後退させるような再編ではなく、行政がもっと地域に関わることができるような再編を進めるべきです。これが地域を再編し運営する鍵になります。

　コミュニティ組織の強化は行政との協働で実現されます。NPOや企業を巻き込んでもいいですが、そのような組織の再編で強化されるものではありません。コミュニティ組織と行政が地域運営の両輪になり、お互いの強化を図ることができれば、非常に暮らしやすい地域に発展すると考えられます。

　また、コミュニティ組織の民主的運営は、行政との協働で実現すべきです。行政の組織原則、会計制度等を、協働を通じてコミュニティ組織に伝えるべきです。同時に、そのような協働が市民参加の徹底につながります。

6　周辺吸収型連携ではなく周辺主導型連携へ

吸収型連携では必要な連携が進まない

　人口が減少する時代、自治体間の連携は重要です。しかし連携中枢都市圏や定住自立圏は、中心都市が周辺市町村を吸収する傾向が強く、周辺市町村が連携を進めにくくなっています。この根底にあるのは中心市が活性化すれば、周辺もその成果を得ることができるという発想です。これは国土全体でも同じで、東京が国際競争に勝ち残ると地方都市もその恩恵を授かり、さらに中山間地域もその成果が享受できるという考えです。経済分野で言われる大手企業が儲かれば、いずれ中小企業も儲かるというトリクルダウン理論の国土版です。

　実際は大手企業が空前の利益を上げていても、中小企業の儲けは増

えず、従業員の給与も上がりません。同じように中心都市の活性化が周辺都市に波及する保障はなく、このような連携に周辺市町村が慎重になるのは当然です。

また31頁で見た自治体戦略2040でも連携を重視しています。これは圏域を設定し、中心市が圏域全体の行政サービスを担当するという考えです。これも合併ではありませんが、周辺市が基礎自治体としての機能を果たせなくなるという点で、連携中枢都市圏以上の問題を抱えています。

連携の前提を見直すべき

まず重要なことは連携の前提を見直すことです。首都圏の人口減少は極力抑え、地方都市は人口が減少し、中山間地域では人口が大幅に減少する。このような前提にするから、周辺部は吸収型の連携やむなしという結論になります。そうではなく、中山間地域の人口はできるだけ減らさず、地方都市の人口減少幅も少なくし、首都圏での人口減少幅を大きくするような前提に変えるべきです。

現在、人口1000人以下の村でも、義務教育、高齢者介護、まちづくりなどを担い、フルセット型の自治体として機能しています。人口減少の前提を変えれば、大半の自治体をフルセット型自治体として維持できます。

吸収型連携ではなく周辺が中心を支える連携を

大半の自治体をフルセット型の自治体として維持しつつ、医療・福祉、教育を充実させ、地域経済の活性化を進めるためには、自治体間の連携が大切です。ただし、吸収型連携ではなく、新たな連携を検討すべきです。その場合、留意すべき点は以下の三点です。まず一点めは対等平等の関係です。中心都市が上位に立つような連携ではなく、基礎

自治体間の平等を基本とすべきです。二点めは連携に関係する基礎自治体の議会、市民が連携の進め方、連携の内容に関与できるようにすることです。三点めは都道府県の広域的調整機能を重視することです。

　イメージ的には周辺が中心を支える連携、農山村が地方都市を支える連携になります。たとえば、地方都市の消費はその都市民だけでなく、周辺農山村の住民の消費によって支えられていました。活性化を進める場合も、農山村の活性化が進めば、地方都市の活性化につながります。そのような連携ができれば、周辺の農山村と中心都市が両立できます。

参考文献

1　構造改革特区、総合特区、国家戦略特区については、内閣府地方創生推進事務局のウェブサイトを参照。

2　空き家の現状については、国土交通省のウェブサイト「空家等対策の推進に関する特別措置法関連情報」、野村総合研究所のウェブサイト「NEWS RELEASE 2015 年 6 月 22 日」を参照。

3　ドイツの取り組みについては、清水陽子・中山徹著『ドイツにおける郊外型団地の改造計画に関する事例研究』、日本都市計画学会「都市計画 No.45-1」2010 年 4 月を参照。

4　アメリカの取り組みについては、清水陽子・中山徹・前根美穂著『アメリカ Land Bank の取組と滞納空き家物件の活用—ミシガン州・オハイオ州の事例—』、日本建築学会「技術報告集第 40 号」2012 年 10 月を参照。

おわりに

　最後に四点、述べておきます。一つめは、全国各地で同じようなことが起こっているということです。小学校の統廃合、保育所の民営化、駅前の大規模な再開発などです。同じような変化になるのは理由が二つあります。一つは、政府が進める国土や地域の再編という同じ根っこからそれらが生じているためで、もう一つは、残念ながら多くの自治体が同じような視点に立っているためです。この点を理解することが重要です。

　二つめは、このままだと地域が崩壊しかねないということです。一気に起こる変化は比較的わかりやすいのですが、20年、30年かけて起こる変化はなかなか把握しにくいといえます。気がついたときには食い止めるだけの力が地域に残っていない可能性があります。2015年前後から地方創生、コンパクト、連携が動き出しました。このままだと大きな再編の中で地域が崩壊しかねない、この危機感を地域で共有すべきです。

　三つめは、地域を変えるためには、新たな時代にふさわしい主体形成が必要だということです。政府は新自由主義的な視点から地域を再編しようとしています。その場合、新自由主義ではない保守と革新は共同できますし、共同ができなければ地域を救うことができません。その主体形成を本気で進めない限り、いつまでたっても善戦で終わり、地域を救うことができません。

　四つめは、地域で多数になるためには、きちんとした地域政策が必要だということです。地域の再編が政府の考えで進んでいる以上、国の政策に対する批判的検討は避けられません。同時に、市民の暮らしを発展させるためには、地域の実情に応じた施策が必要です。これが

できなければ市民の支持は得られません。また市民共同自治体ができると、革新政党は与党になります。ここで具体的な政策立案ができなければ、地域を救えないどころか、地域にとってマイナスになります。時代が求める政策能力をつける必要があります。

　2016 年 5 月に『人口減少と地域の再編』を書き、その後 2017 年 2 月に『人口減少と公共施設の展望』、2017 年 7 月に『人口減少と大規模開発』を書きました。本書が 4 作目ですが、市民の視点に立った再編の方向性とそれを進める主体を提起したつもりです。本書をふくめ、これらの本が地域を少しでも良くしたいと考えておられる方の役に立てば幸いです。そして市民共同自治体建設と発展につながれば本望です。

　4 冊はいずれも自治体研究社にお願いしました。前書に引き続き担当していただいたのは寺山浩司さんです。毎回、無理なお願いを聞いていただきありがとうございます。最後になりましたが感謝します。

2018 年 10 月

中山　徹

著者紹介

中山　徹（なかやま・とおる）

1959 年大阪生まれ、京都大学大学院博士課程修了、工学博士。
現在、奈良女子大学生活環境学部教授。自治体問題研究所副理事長、㈳大阪自治体問題
研究所理事長。
専門は、都市計画学、自治体政策学。

主な著書

『大阪の緑を考える』東方出版、1994 年
『検証・大阪のプロジェクト』東方出版、1995 年
『行政の不良資産』自治体研究社、1996 年
『公共事業依存国家』自治体研究社、1998 年
『地域経済は再生できるか』新日本出版社、1999 年
『公共事業改革の基本方向』新日本出版社、2001 年
『地域社会と経済の再生』新日本出版社、2004 年
『子育て支援システムと保育所・幼稚園・学童保育』かもがわ出版、2005 年
『人口減少時代のまちづくり』自治体研究社、2010 年
『よくわかる子ども・子育て新システム』かもがわ出版、2010 年
『人口減少と地域の再編』自治体研究社、2016 年
『人口減少と公共施設の展望』自治体研究社、2017 年
『人口減少と大規模開発』自治体研究社、2017 年

人口減少時代の自治体政策
——市民共同自治体への展望

2018 年 11 月 15 日　　初版第 1 刷発行

著　者　中山　徹

発行者　福島　譲

発行所　㈱自治体研究社
〒162-8512 新宿区矢来町 123　矢来ビル 4 F
TEL：03・3235・5941／FAX：03・3235・5933
http://www.jichiken.jp
E-Mail：info@jichiken.jp

ISBN978-4-88037-685-1 C0031

印刷／モリモト印刷株式会社
DTP／赤塚　修